helmut schriffl
ich bin verrückt, aber es macht mir nichts aus,
denn alle anderen sind es auch

dieses buch ist nicht entstanden wegen
präsident obama, benedikt XVI., wladimir putin,
heinz fischer, bernhard gruber oder rosamunde
pilcher, sondern wegen helga, die alle meine
verrücktheiten ausgehalten hat.

reales – irrreales:
absolut groovy, wunderbar
verrückt,
herrlich abstrus, kurios
wahnsinnig,
kaum zu glauben:

eine verrückte welt.
aber ehrlich:
sind wir so weit weg davon?

keine fußnoten!
kein hin- und herblättern!
erläuterungen, zitate,
literaturhinweise,
alles im text enthalten.

helmut schriffl

ich bin verrückt,
aber es macht mir nichts aus,
denn alle anderen sind es auch!

Münchendorf
2013
BOD

wenn wir bedenken,
dass wir alle verrückt sind,
ist das leben erklärt.

mark twain

Herstellung und Verlag:
BoD - Books on Demand, Norderstedt

ISBN: 978-3-7322-3498-1
satz und layout: peter ernst, 2440 gramatneusiedl

anstelle eines vorwortes!

so! fangen sie irgendwo an. wieso irgendwo,
man beginnt doch am anfang?
egal! nehmen sie einen stift,-
streichen sie an, weg, schreiben sie dazu,
kleine dialoge z.b., schreiben sie die
geschichten um,
ergänzen sie das ganze mit selbst erlebtem.
schließlich haben sie ein hübsches kleines
buch fast aus eigener hand in ihrer bibliothek.
und am ende finden sie ein paar leere seiten,
da ist platz für ihre eigenen ungereimtheiten.
wenn sie über eine der geschichten zornig
werden, reißen sie die seite heraus,
zerknüllen sie sie, werfen sie sie zu boden
und trampeln sie auf ihr herum. wenn sie
mit den beistrichen nicht einverstanden sind,
bitte ändern!

die kleinschreibung zu verbessern fangen sie
am besten gar nicht erst an. das zieht sich
durch und ist eine jugenderinnerung, eine
erinnerung an jene zeit, als ich
meine texte noch in eine alte
schreibmaschine klopfte
und aus bequemlichkeit den wagen der
schreibmaschine bei den großbuchstaben
nicht anheben wollte.
aber jetzt ist es eine menge arbeit, die
selbständigkeit des kompjuters außer
kraft zu setzen, der stur immer wieder

großbuchstaben an den anfang von zeilen
und in den text setzt, ohne mich zu fragen
ob ich damit einverstanden bin. aber was
tun wir nicht alles, um die jugend in uns
aufzuwecken.

bezüglich der schreibweise der fremdwörter
haben wir uns dafür entschieden,
sie so zu schreiben,
wie man sie ausspricht.
wir folgen damit
der empfehlung von prof.dr.gertrude
hüttenschlager*,
die dazu in ihrem epochemachenden werk
„der sprachüberfremdung durch assimilation
begegnen"* sehr ausführlich schreibt. (verlag
krieger & nächtelang, st.)

ein * im text würde normalerweise auf eine
fußnote hinweisen.
nicht aber in unserem fall. da wir auf
fußnoten grundsätzlich
verzichten wollten, ersuchen wir den
geneigten leser
an den entsprechenden stellen die
geschichte selber
weiter zu denken, bzw. lösungen für die an
dieser stelle
auftauchenden probleme zu suchen.
du wolltest doch eine geschichte erzählen!
rück doch endlich raus damit!

warte noch!

worauf?

auf den anfang. der anfang
ist immer das
schwerste, sonst passiert
dasselbe wie kürzlich
bei diesem wollknäuel,
bei dem ich den anfang suchte.

was ist da passiert?

na, ich war zu ungeduldig,
weil ich den anfang nicht
fand. er war irgendwo
zwischen den anderen fäden versteckt.

was ist dann passiert?

du bist zu ungeduldig. was wird schon
passiert sein?
ich habe den faden irgendwo
durchgeschnitten
und angefangen,
ihn abzurollen.

na und?

was heißt na und?
ich war bald am ende, denn was ich

vorher nicht gefunden hatte,
fand ich jetzt, den gesuchten anfang.

bedauerlich, aber was hat das
mit der geschichte zu tun,
die du mir erzählen wolltest?

na das ist doch dasselbe:
wenn ich an der falschen stelle anfange,
bin ich zu früh fertig, wie bei meinem faden.

blödsinn, wie kann man bei einer geschichte
sagen, dass sie zu früh angefangen
hätte?

ganz einfach: denk doch an eine
geschichte, die mit einer katastrofe beginnt.
da wäre es doch besser, sie hätte
später angefangen.

aha!?

oder eine geschichte in der eine frau
einen mann kennen lernt,
den sie später heiratet, nachdem sie sich
von ihrem ersten mann getrennt hatte,
den sie aber noch liebte
als sie mit dem nächsten bekannt wurde.
es wäre doch für alle beteiligten
besser gewesen,
die geschichte hätte später begonnen.

aha!?

ah, das wäre überhaupt das beste:
da würden sich alle schriftsteller eine menge
arbeit ersparen.
wenn sie ihre geschichten später beginnen
ließen und früher damit aufhörten,
hätten die haupthelden eine menge
probleme weniger
und manche geschichten wären überhaupt
nicht
geschrieben worden.
zum beispiel romeo und julia.

oh nein!

oder vom winde verweht!

oh nein!

na von der geschichte wäre trotz späterem
anfang
und früherem schluss
noch was übrig geblieben,
die ist dick genug.

das gibt's doch nicht !

aber vielleicht könnte man in so einem
falle mit einer schere etwas erreichen!

mit einer schere?

ja, man könnte alle unliebsamen
szenen herausschneiden.
aber die rückseiten dürften dann nicht
bedruckt sein!

das ist unfär!
du willst ausweichen!
du hattest es versprochen:
eine neue geschichte! .....

also gut, du bist wirklich hartnäckig.
aber ich kann für nichts garantieren!
....

kürzlich hatte eine gruppe von uns eine fahrt
in ein gewerkschaftliches bildungszentrum
nach w. unternommen, ausstattung
zwanziger jahre.
mit hilfe des tiezianten* war die versetzung
in die frühere zeit kein problem.
es war ein einfaches lokal, aber die leute
hatten ideen und pauer, es war spannend.
man konnte sich in die situation verlieben
und das bier war sehr gut. naturtrüb.
dann sollten alle plötzlich weg, zum bus
zurück. aber da krochen noch ein paar unter
dem tisch herum, einer weinte zu füßen
der lehrerin. .....

was ist das wieder? ...

oh, verzeih, das gehört in eine andere
geschichte. also: die ganze gruppe steht
schon draußen, um in den bus einzusteigen
– ich – wie üblich – warum ich? –
sause drin herum und räume auf.
dann steh ich noch da und
beobachte auf dem winzigen aschenbecher –
ungefähr 2 cm durchmesser –
so einen kleinen aschenbecher
habe ich in meinem ganzen leben noch
nicht gesehen – also, ich beobachte das
zwiegespräch
zweier zigarettenstummel,
das in einer leichten rauchfahne zum himmel
weht. da ruft schon einer:
der bus kommt. ich bei einem der
zahlreichen ein- und ausgänge hinaus. –
darf man eigentlich bei einem eingang
hinausgehen? –

weiß nicht!

nur wenn er auch ein ausgang ist!
kurz und gut, ich hinaus aus dem haus,
da ist der riesenbus schon an mir vorbei.
ich schreie und winke, aber er fährt schon
um die linkskurve.
ah, er hat sinn für proletarische
zusammenhänge!

was is´n das wieder?

na ja, du weißt schon:
einer kann sich auf den anderen verlassen!
ich dem bus nach, renn hinter ihm her.
bezahlt ist der fahrschein ja schon,
also kann ich auch hinter dem bus herrennen,
eine weile werde ich es schon aushalten.
bis dahin muss mir etwas einfallen!

....

hab´s schon!
das mit dem hinter dem bus herrennen
gehört nämlich in eine andere geschichte.
also wieder zurück zum hauptstrang!

na gott sei dank!

drüben steht der bus, ich hinein,
über die leute drüber,
die auf der einstiegsstufe sitzen.

das ist doch die frau hintermoser.
guten tag! sie waren also auch mit.
wie geht´s denn dem berti?

welchem berti?

halt, halt, wohin geht denn das wieder?

oje, heute bin ich aber zerstreut! .....

kaum bin ich oben im bus und schnaufe erst
einmal, schwindelt sich doch glatt meine
schwester mit ihrer wallfahrt in meine
geschichte.

na schmeiß sie doch raus!

das geht leider nicht mehr.
aus guten gründen, wie du gleich merken
wirst.
sie: sagst du etwas an?
ich: hast du noch nichts gesagt?
sie: nein!
ich: wo ist das mikrofon?
sie: vorne beim fahrer vermutlich!
ich dränge mich nach vorne durch,
ein uraltes brett ist die rückenlehne des
monstrums.

wieso? ist der fahrer ein monstrum?

nein, der bus! hahaha!
also ich: herr direktor haben sie ein
mikrofon?
der fahrer lächelt verschmitzt, sagt:
da haben sie es!
und gibt mir ein rundes stück eisen in die
hand.
ich: ratlos!
er: an der seite ist eine schraube,

die müssen sie drehen,
dann kommt das mikrofon heraus!
ich entdecke sofort die schraube
(mein angeborener sinn für technik)
drehe sie – und – habe den
daumen und den zeigefinger
der rechten hand schwarz und ölig.
und das mir, dem reinheitsfanatiker.
jetzt stehe ich da, halte die rechte hand in
die luft, habe kein papiertaschentuch zum
abwischen mit und in der linken hand habe
ich das runde eisen -- an dem aber – hurra --
durch meine öligen finger
das mikrofon herausgedreht ist.

na und? weiter?

nichts weiter.
ich drehe mich nach meiner schwester und
ihrer wallfahrt um
und sehe nichts von ihr.

keine spur?

nein! ... lässt mich einfach so stehen!
aber ich habe dich gewarnt!
man muss mit geschichten vorsichtig sein,
damit sie einem geraten.

?????

du glaubst mir nicht?
da! der daumen und der zeigefinger
meiner rechten hand:
schwarz und ölig!

....

also, ich finde das nicht zufriedenstellend!
die geschichte endet ja praktisch im nichts,
sie löst sich irgendwie in luft auf.

was glaubst du, wie angenehm das für mich
ist!
keine konsequenzen,
keine großen bücherregale,
die die, die die wohnung ausräumen,
doch nur wegwerfen.
keine alimentationspflichten
an irgendwelche figuren,
keine notwendigkeit einen fortsetzungsband
zu schreiben,
nicht mit marsel prust* nach der verlorenen
zeit suchen zu müssen,
niemand beerbt mich
und ich kann also mein ganzes vermögen
selber verbrauchen.
sehr angenehm!

egoist!

wie du meinst. übrigens gibt es ja auch
wirklich ganz kurze geschichten, wie zum

beispiel die mit den kindern auf
dem spielplatz, die mit steinen aufeinander
werfen.

wieso ist die kurz?
man könnte die motive beschreiben,
den hergang der eskalation, die
parteizugehörigkeit der eltern,
welches bier trinkt der vater, ist das
oder jenes kind vom religionsunterricht
abgemeldet oder nicht, usw.

aber wozu denn? die geschichte ist
in kürze aus! sie endet,
wenn der erste einen stein
an den kopf bekommt und in diesem ein loch
hat. dann fehlen in der geschichte nur noch
eine mutter oder ein vater
mit einem heftpflaster, - im
schlimmsten fall ein arzt oder
ein rettungsauto, - fertig!

na, aber für so eine geschichte bekommst
du nicht einmal einen cent, geschweige
denn einen platz in irgendeiner
zeitungsspalte.

das finde ich unfär, denn dieselbe
geschichte zwischen erwachsenen füllt
seitenweise zeitungen, bücher, zeitschriften.

aber erwachsene schmeißen doch nicht
mit steinen aufeinander.

das nicht, aber sie führen kriege und das sind
eigentlich auch immer kurzgeschichten,
auch wenn sie tausend jahre dauern.

aber da stehen doch ernste anliegen
dahinter.

hahaha, ... und dann bekommen die armen
schweine, die man anstelle der anschaffer
hinausgeschickt hat aufs feld der ehre, damit
sie sich gegenseitig umbringen,
ein denkmal mit ihrem namen drauf.

du meinst kriegerdenkmäler?

ja! stell dir vor, es gäbe auch
kinder-kriegerdenkmäler. auf denen
stünde dann zum beispiel: hans müller,
dem bernhard lehner ein loch in den kopf
geschossen hat bei der steinschlacht am
soundsovielten im jahr soundso.

blödsinn!

sag das den erfindern der kriegerdenkmäler!

....

also, das das jetzt so eine wendung nehmen
musste, das bedaure ich doch sehr. mir wäre
lieber,
wir könnten fröhlichere themen behandeln.

ja aber das kann man doch nicht erzwingen.
geschichten wachsen doch aus einem heraus
wie bäume. wenn du mich mit meiner
geschichtenaura sehen könntest, da würdest
du staunen.

geschichtenaura?
was ist denn das nun wieder?
du verblüffst mich immer wieder aufs neue!

geschichtenaura, na das sind die
geschichten, die schon aus mir
herausgewachsen sind, die
noch nicht verwendet sind.
ich bin ganz dick von geschichten.

aha!

du kannst auf eine ganz beliebige stelle
meines körpers zeigen und ich werde dir
sagen, welche geschichte dort auf ihre
verwendung wartet.

auf jede beliebige?

aber ja!

na sagen wir: hier!

hier? vorne am knie oder an der seite?

was? so genau geht das?

aber ja, du würdest staunen, wie viele
geschichten da rundherum herauswachsen.
also gut, diese da! vorne am knie.
das war kurz vor weihnachten.
du weißt schon: alle geschäfte bummvoll,
kein einkaufswagen zu kriegen.
ich lungere vor dem supermarkt herum,
warte auf zurückkommende einkaufswagen.
nichts rührt sich in der trüben
einkaufsnebelsuppe, die aus dem
supermarkt mit seinen gefangenen
christbäumen davor, einen beleuchteten
maulwurfshügel
gemacht hat, ... draußen im walde, meine
füße sinken langsam in die erde ein,
etwas knabbert an meinen zehen .....

halt, halt! nicht abweichen!

was? wieso? ach ja! endlich ist einer heraus!

was ist heraus?

na einer mit einem einkaufswagen.
vollgeladen! ich hin zu ihm:

könnte ich vielleicht, ..., wenn sie abgeladen
haben?
können sie nicht! brummt der mann.
wer gibt heutzutage schon einen
einkaufswagen her. ich zücke einen
zehner, blicke verlegen in die runde –
sieht es eh niemand?
er schaut mich verächtlich an, so wie damals
der polizist, als ich mich im stadion im netz
verfangen hatte.

nein, nein! die nicht,
weiter mit der geschichte vom
einkaufswagen!
was? ach so, ja!
was soll ich dir sagen?
ich muss durchgedreht haben. ich kann mich
nur mehr dunkel daran erinnern, dass ich den
wagen umgekippt habe, der ganze einkauf
des grimmigen lag verstreut auf dem
teilweise mit eis bedeckten boden.
er schreit. ich weg.
rase im zickzack zwischen den leuten
über den parkplatz in die nächste gasse
hinein, hänge mich im laufen mit meinen
hobbyhandschellen in die griffstange des
eroberten einkaufswagens ein,
verschwinde in der nächsten gasse,
falle in laufschritt, bin etwas atemlos.

was, der andere hat dich nicht mehr
gefunden?

nicht vorgreifen! ich denke mir: diesen
supermarkt erobere ich von der rückseite her.
da: polizeisirenen! ich renne wieder, nächste
gasse, offene geschäftstüre.
ich hinein! ..... ruhe, dicke teppiche,
wenige kunden. ich bin in einem
raumausstattungsgeschäft.

in was?

na so ein laden, in dem man die staubfänger
kauft.

aha! und was hast du gemacht? du wolltest
doch in den supermarkt!

supermarkt? aja! warte! zunächst denke
ich mir: na gut, stellst du dich eben um,
betrachtest ihn als einen wink des
schicksals, diesen seitensprung.
ich überlege: was schenke ich dem oder
dem oder dem von den hier zu findenden
unnötigen sachen.da fällt mein blick auf die
schaufensterscheibe. dieses gesicht!
sofort rase ich zum hinterausgang,
der mann hat mich entdeckt und will
anscheinend seinen einkaufswagen
zurückerobern. aber nicht mit mir!
ich zur hintertür hinaus, wissend, dass er
einige zeit benötigt, um von der vorderseite
zur hinterseite zu gelangen.

ich also hinaus und ..... na ja, was soll ich dir
sagen, da ist die geschichte eigentlich aus.

was? jetzt schon? ich bin enttäuscht! ich
dachte .....! aber was hat das ganze mit
deinem knie zu tun?

ach das knie. ja das muss ich dir noch
erklären! das war so: ich mit dem
einkaufswagen hinaus bei der hintertür des
einrichtungsgeschäftes, gleich
links um die ecke, rumms, da liege ich auch
schon mit fürchterlichen schmerzen auf
dem boden, der einkaufswagen will sich
selbständig machen, zieht mich noch ein
stück hinterher, du weißt schon,
ich habe mich an ihn gekettet. ich kann nicht
aufstehen, kann das linke knie nicht mehr
bewegen.

was ist passiert?

der mauerhaken, an den die hintertür im
sommer immer angehängt wird, hat mich
voll erwischt.
später: blaulicht, rettung, notarzt. das knie
ist bald versorgt. sie wollen mich in den
rettungswagen bringen,
aber da ist ja noch der einkaufswagen
an meiner hand, der muss mit in den
rettungswagen, den habe ich mir schwer

erkämpft. keiner weiß die nummer
mit der die handschellen zu öffnen sind.
nur ich. so muss immer einer neben der
tragbahre hergehen und den einkaufswagen
schieben. alle schütteln den kopf und
ich bekomme ein gespräch mit dem
anstaltspsychologen.
aber der versteht mich nicht. vermutlich
muss er nicht selber einkaufen gehen vor
weihnachten.
es würde mich interessieren, wie seine frau
das macht. ich habe gelesen, dass man jetzt
schon einkaufswagen über firmen liesen*
kann.

was kann man sie?

liesen!

was tut man da?

na, du rufst an und in einer stunde steht dein
eigener einkaufswagen vor der tür. aber ich
sage dir, eigene handschellen würde ich dir
auch noch empfehlen, denn du
siehst ja, wie brutal menschen sein können,
wenn sie etwas erreichen wollen.

wo ist denn dein einkaufswagen jetzt?

aaah! das würdest du wohl gerne wissen!

keine sorge, ich klaue ihn dir schon nicht!

ja, ja! das kann jeder sagen. an meinen einkaufswagen würde ich mich an deiner stelle nicht wagen, der ist abgesichert, sogar mit einer selbstschussanlage.
für den habe ich genug gelitten, den gebe ich unter keinen umständen mehr preis.

ja, aber wenn du mit ihm einkaufen fährst, musst du doch damit rechnen, dass dich jemand überfällt und ihn dir wegnimmt!

aber mit dem gehe ich doch nicht mehr einkaufen.
den nimmt mir keiner mehr weg. ich trage jetzt alles in plastiksackln nach hause, in kleineren portionen.

ach, jetzt verstehe ich erst, wieso vor dem supermarkt schon so wenige einkaufswagen stehen.

....

aber sag, könnten wir nicht gleich weiter über weihnachten reden, wo wir schon so nah dran sind?

meinetwegen! aber ich weiß nicht, ob es sich lohnt!

warum nicht? du wirst doch weihnachten
ordentlich gefeiert haben?

was heißt ordentlich gefeiert!
ich bin die ganzen feiertage mit einer
eingebundenen
hand herumgerannt!

eingebundene hand? wieso das?

das kam so: vielleicht hast du mitbekommen,
dass ich seit kurzem mitglied der wkaag*
bin.

wkaag? kenne ich nicht. was ist das?

das ist die weihnachts-
kerzenantianzündgesellschaft!

was wollen denn die – und von dir?

hör zu! du weißt ja, dass es jedes jahr viele
christbaumbrände gibt und dabei sogar
menschen umkommen oder häuser
abbrennen.

das weiß ich!

nun, da haben sich eben menschen
zusammengefunden, die sagen: wenn wir
die weihnachtskerzen nicht anzünden,

dann geschieht das ganze unglück nicht,
das geschieht, wenn die weihnachtskerzen
angezündet werden.
die idee hat mir gefallen und ich habe mich
der bewegung angeschlossen. wir sind schon
vierunddreißig mitglieder in unserer stadt.

schon wieder so ein minderheitenprogramm!

maul nicht, das ist eine wichtige sache, du
solltest dir einen beitritt zu unserer gruppe
überlegen.

meinetwegen, aber frühestens wenn meine
kinder groß sind. im übrigen frage ich mich
schon die ganze zeit, was das mit deiner
eingebundenen hand zu tun hat, die der
ausgangspunkt der geschichte war.

darauf wollte ich noch kommen, aber die
erklärung ist recht einfach: wie gesagt,
wir von der wkaag lehnen ja das licht zu
weihnachten nicht ab, aber wir machen es
eben anders, gefahrloser.
jedes unserer mitglieder verklebt seine
fenster vor dem heiligen abend mit einem
papierbogen.

mit einem papierbogen? dann ist es ja ganz
finster in der stadt!

nein, nein! In die papierbögen schneiden wir vorher kleine löcher und dann schaut es am heiligen abend, wenn wir das licht in unseren wohnungen einschalten von außen so aus, als würden die kerzen am christbaum brennen, denn wir sind ja, wie gesagt, nicht gegen das licht am heiligen abend!

aber drinnen, in der wohnung, das ist dann doch nichts von der feierlichen stimmung da, wenn, wie früher, die kerzen am baum brennen und ihr mildes licht in den raum verstreuen.

das ist doch kein problem! um diesen effekt zu erreichen gehen wir einfach nach draußen und schauen auf die lichtpunkte in unseren fenstern.

ein bisschen kompliziert, findest du nicht?

möglich, aber man muss doch für das, wovon man überzeugt ist, auch etwas tun, meinst du nicht auch?

also das weiß ich jetzt. aber ich weiß immer noch nicht, wieso du die ganzen weihnachten mit einer eingebundenen hand herumgerannt bist.

na ja, das ist mir leider beim ausschneiden

der kleinen löcher bei einem der für unsere
fenster bestimmten papierbogen passiert.

....

sag, ist dir auch schon aufgefallen, dass in
den möbelhäusern seit kurzem immer mehr
echte bücher in den schränken und stellagen
stehen?

nein, habe ich noch nicht beachtet. gehe
auch kaum in möbelhäuser. bin mit meiner
einrichtung schon 20 jahre zufrieden, brauche
den modernen schnickschnack nicht!

na ich auch nicht, aber anschauen tu ich
mir die sachen doch ganz gerne. ich geh im
möbelhaus herum, tu so, als ob ich etwas
kaufen möchte, lasse mich beraten,
mir prospekte geben, die ich beim
hinausgehen in den papierkontäner
schmeiße, ... aber darum geht es mir nicht!

worum dann?

ich habe jetzt ein problem gelöst, das mich
schon sehr lange beschäftigt hat.

welches problem?

na das der übriggebliebenen bücher beim
flohmarkt meiner kirchengemeinde!

wieso ist das ein problem?

mir tut es leid, wenn am ende des
flohmarktes die übriggebliebenen bücher
weggeworfen werden.
gerade bücher, da steckt doch soviel arbeit
dahinter.
oft unter schmerzen und tränen von einem
autor erarbeitet.
unter hunger und not. ich habe davon aus
einem artikel über „die vereinigung der am
meisten nicht gelesenen autoren"* erfahren.

gleich bin ich zu tränen gerührt. aber du
kannst doch nicht alles aufheben!

ja, aber es ist mir einfach leid drum. ich hab
eh schon drei wohnungen gemietet. zwei
davon sind voll mit büchern. aber jetzt pack
ich es nicht mehr.

und? wie hast du das problem gelöst?

ganz einfach: jetzt sind doch rucksäcke so
modern! nach dem flohmarkt packe ich mir
den rucksack immer
ein paar mal mit den übrig gebliebenen
büchern voll und geh möbel schauen.

und? weiter!

ich sitze im möbelhaus auf einem
der ausgestellten möbel, genieße die
behaglichkeit und das wohlgefallen des
verkaufspersonals, schmökere in einem
buch, das ich, scheinbar, aus einem der
regale genommen habe (dabei ist es aus
meinem rucksack!!!) und stelle dann das
buch, scheinbar, zurück! in wirklichkeit
stelle ich es erst ein! so fülle ich dezent die
buchregale der möbelhäuser mit echten
büchern anstelle der attrappen, und leiste
damit einen wichtigen kulturellen beitrag für
uns alle. jorge luis borges hätte angesichts
dieser blutvollen realistischen lösung vor neid
erblassen müssen mit seiner bibliothek von
babel*.

dabei hat dich noch nie jemand erwischt?

nein! ich mache es dezent genug und wie
kämen sonst werke wie:
„meine sturm- und drangzeit", „flotow´s
letzte fahrt" oder „der garten als
gesundbrunnen" unters volk.

na so was!

kürzlich hatte ich ein kleines problem, als ich
gerade ein paar zeitschriften jahrgang 1958,
du weißt schon, in diesem fotobraun
gedruckt, mitbrachte. ich ordne gerade
ein paar nummern davon auf einem der

wohnzimmertische in der ausstellung ein,
da kommt eine kundin auf mich zu und fragt
mich nach details über den wandschrank
hinter mir. aber das konnte ich elegant
abwimmeln, auf einen echten kollegen, ohne
dass der was bemerkte.

unglaublich!

ja, aber das beste will ich dir nicht
verheimlichen: stell dir vor,
ich fahre gerade die querleiste eines
wunderschönen vorzimmerschrankes
gedankenverloren mit meinem zeigefinger
entlang und höre staunend die folgende
unterhaltung von nebenan mit: kundin:
entschuldigung, sind sie frei?
verkäufer: ja? kundin: ich hätte einen
außergewöhnlichen wunsch! ...pause ...
verkäufer: ja? kundin: sehen sie, dieses buch
da, das suche ich schon so lange.
kann ich es kaufen?
verkäufer: eigentlich geht das nicht, denn
die bücher sind bei uns nur füllware, zur
belebung der ausstellung.
kundin: könnten sie nicht eine ausnahme
machen? ... pause ...
verkäufer: verkaufen kann ich es ihnen nicht,
aber, ... nehmen sie es einfach mit, es soll
nur von niemandem bemerkt werden, und
..... verraten sie mich bitte nicht, es wird
schon keinem auffallen.

kundin: danke, vielen dank,
da nehmen sie, ...

offensichtlich drückte sie ihm einen
geldschein in die hand.
du kannst dir nicht vorstellen, mit welchem
glücksgefühl ich dieser unterhaltung gefolgt
bin! endlich wieder platz für ein neues buch
vom flohmarkt.

jetzt muss ich doch auch einmal ein
möbelhaus in unserer stadt aufsuchen!
....

stell dir vor, was vor ein paar jahren
merkwürdiges in meinem dorf passiert ist.

was denn?

du weißt ja, dass die kirche hergerichtet
wurde.

weiß ich, hat ja lange genug gedauert!

ruhe!
also horch mir zu, was passiert ist:
es wurde doch ein neuer boden gelegt, mit
schönen steinplatten. soweit, so gut! als die
arbeiten fast fertig waren,
und alle damit rechneten, dass die
steinmetze nun abziehen würden, kam eine

neue große lieferung von platten, mehrere
paletten voll. ratlosigkeit! telefonat hin,
telefonat her. keiner weiß was!
ungerührt die steinmetze. besonders einer,
sympathischer kerl, redet nicht viel, macht in
ruhe seine arbeit.
plötzlich wächst sich der zum ersten mann
aus. pflastert, als ob´s einen weltrekord
gälte.

aber die sache war doch fast erledigt,
arbeitsmäßig!

ja, das dachten alle, aber nichts da, der
mann kam jeden tag wieder und als er an
der kirchentür angelangt war, ging er auf den
vorplatz über und pflasterte dort
weiter, einen schönen breiten weg.
er war durch nichts zu bewegen, damit
aufzuhören.
und weiter pflasterte er über den hauptplatz
bis zur straße.
auch diese blieb nicht verschont vor ihm.
der verkehr musste weiträumig umgeleitet
werden. na ja, dachten wir alle, drüben auf
der anderen straßenseite, am haus, das dort
steht, da wird´s doch zuende sein mit dem
pflastern. inzwischen war das fernsehen da.

kann ich mir denken!

ein mordsauflauf das ganze.

aber der mann müsste doch irgendwie zu
stoppen gewesen sein!

war er eben nicht. was glaubst du, was alles
versucht wurde: gutes zureden, drohen,
schimpfen, protestaktionen, es legten
sich leute vor den transporter, der immer
wieder neue pflastersteine herbei karrte.
damals entstand die bewegung
„unser dorf gehört uns"*. nichts zu machen.
schließlich wollte man den mann gewaltsam
abtransportieren.

und?

nichts! er legte sich neben der baustelle
auf die erde und wurde am ganzen körper
dunkelblau, konnte noch rufen:
bringt mich nicht weg, das ist mein tod!
bevor er ganz starr und bewegungslos
wurde.

und? weiter?

erst als sich alle zurückgezogen hatten, rührte
er sich wieder, stand auf, schüttelte sich, wie
wenn man in der früh aufsteht und einen
albtraum abschüttelt und
arbeitete weiter.

na in der nacht, wenn er aufhörte und

wegging, da hätte man doch alles
wegräumen können!

konnte man eben nicht. er schlief an seiner
baustelle, direkt daneben. er hatte seine
matte mit dabei. wenn er feierabend machte,
rollte er sie aus und legte sich zur ruhe.

wie war´s mit verpflegung und klo?

alles geregelt, mitleidige seelen brachten
genug zu essen und eine reinigungsfirma
hatte mit großem transparent ein
transportables klo hingestellt. auf
rädern, versteht sich, damit es mit dem
weiterwandern der baustelle immer
weiter gerollt werden konnte. das ist
überhaupt eine gute erfindung, die wäre gut
verwendbar gewesen damals .....

halt! halt! was ist mit dem steinmetz?

wie gesagt, alle meinten, auf der drüberen
straßenseite an der hausmauer wäre es wohl
zuende mit seiner arbeit, die ihn am leben
hielt.

und?

denkste! der kerl überwand einfach die
schwerkraft:
pflasterte sich an der hauswand hoch, über

das dach hinweg,
drüben hinunter und im hof weiter.

unglaublich!

das haben wir auch alle gesagt.
aber wir hatten alle auch schon genug
von den dauernden fragen der fernseh- und
radioleute, der zeitunsgreporter usw. es
kamen so viele neugierige, dass unsere
geschäftsleute endlich den umsatzverlust,
der durch die umfahrungsstraße entstanden
war, wieder ausgleichen konnten.
denn selbstverständlich wurden raschest
würstelstände und ähnliches
aufgestellt. ein jahrmarkt, sage ich dir. wer
auswärts zu tun hatte, bedauerte die, die
daheim bleiben mussten und umgekehrt.

wieso?

ach, bloßes wortspiel.

und wie ging die sache weiter?

ganz einfach, der mann pflasterte immer
weiter und immer weiter,
eine breite straße aus dem dorf hinaus
über die felder. das geheimnis waren seine
quellen. immer hatte er genug material.
es wurde rechtzeitig nachgeliefert, ohne viel

aufsehen. wie ich hörte, wurde ein sozialplan
der regierung für den mann ausgearbeitet,
durch den die anfallenden kosten bezahlt
werden sollten, was wieder proteststürme
der antisteuerzahlenden gruppe* hervorrief,
die aber nichts nützten, denn was sollte
denn mit dem mann geschehen?
man konnte ihn doch nicht töten, indem man
ihm seine arbeit wegnahm. ihn zu entfernen
war einfach unmöglich geworden.
er und seine aktion waren inzwischen
weltbekannt. amnesty international setzte
sich für seine arbeit und sein dasein ein.
es waren schon dutzende fängruppen
in vielen ländern gegründet worden. im
internet wurden zu dieser zeit unter dem
stichwort „pflasterer, entfesselt"* bereits
über achthunderttausend zugriffe gezählt.

ein wahnsinn! und wie ging das ganze
weiter?

wie du weißt, begab ich mich damals auf
eine längere reise.
das letzte, was ich von dem mann sah, war,
dass er weit raußen in den feldern in richtung
osten weiter pflasterte.
das ist alles, was ich weiß, denn
zurückkehren in mein dorf konnte ich nicht
mehr. als ich von meiner reise zurück kam,
existierte es nicht mehr.

was?

ja, es war einfach weg, über nacht. nur weit
östlich von der gegend, in der es gelegen
hatte, fand man noch reste der pflasterung.
einmal im jahr kommen alle, die früher in
unserem dorf gewohnt haben, an den platz,
an dem es sich befunden hatte, um eine
gedenkfeier abzuhalten.

und der mann?

auch verschwunden. er musste zuletzt seine
arbeitsweise geändert haben, denn je näher
er zur gemeindegrenze kam, desto mehr
waren seine platten von ihm wie stufen
übereinander gelegt worden, schließlich nur
mehr die stirnseite nach oben,
so als ob er platz sparen wollte,
das dorfgebiet nicht verlassen wollte,
stufen oder eine gepflasterte straße
in den himmel bauen wollte,
..... wer weiß?

merkwürdig!

ja, mehr als merkwürdig und rätselhaft,
so geht es einem mit geschichten, man
kann sie nicht immer wirklich erklären oder
verstehen! sie machen sich oft selbständig
und gehen eigene wege.

....

diese geschichte hat mich sehr nachdenklich
gemacht.

ja, man braucht fast eine pause, aber die
nächste sache drängt sich schon an mir
vorbei, ...

aber ja, schieß los!

wie du weißt, gab es die naturtrübe fase in
meinem leben.

naturtrübe fase?

ja, die mit dem naturtrüben bier.

ach so, ja, was ist denn daran so spannend,
dass du es erzählen willst?

pass auf! damals hatte ich angst, eine
unkontrollierbare angst, dass es einmal
kein naturtrübes bier mehr geben würde
und ich noch nicht genug davon getrunken
hätte. eine, wie sich herausgestellt hat,
unberechtigte angst. aber im nachhinein
kann man leicht reden. jedenfalls stand es
damals nicht gut mit mir.
ich hatte schon ständig kopfschmerzen.
an den meisten tagen konnte ich gar nicht

aufstehen, weil sich das zimmer um
mich zu drehen begann, wenn ich nicht
sofort ein naturtrübes bier trank. eine
schlimme zeit – auch für meine umgebung!
..... ich war
eine belastung geworden. jemand, etwas,
das die bürgerliche gesellschaft schwer
erträgt. sie wird sehr nervös, wenn sich ihre
mitglieder nicht angepasst verhalten.
so hatte sich schon längst ein fachmann,
dr. john brewer, ein held der menschheit,
mit dem fänomen, ich war kein einzelfall
gewesen, befasst, und eine praktikable
lösung gefunden.
mit einem stationären aufenthalt und mit
infusionen schien die sache beherrschbar.
wie vielen sorgenvollen naturtrüben
biertrinkern
hatte dr. brewer ihre sorgen abgenommen
und ihnen geholfen, wieder hoffnungsvoll in
die zukunft zu blicken.

und, hat es dir geholfen?

warte, soweit sind wir noch lange nicht.
ich sollte also drei wochen im krankenhaus
bleiben. der anfang ging ganz gut, bis
auf die üblichen schweißausbrüche und
schreikrämpfe, besonders an den abenden,
an denen ich – im geiste – das bier in den
lokalen in die gläser der kollegen strömen

sah und dann in ihre kehlen. aber das ging
vorüber,
ich kam in eine ruhigere fase. aber gerade
zu dieser zeit sollte das schwere heimspiel
meiner mannschaft gegen ante portas*
stattfinden.
als glühender anhänger meines vereines
begann ich zu überlegen,
wie ich aus dem haus kommen könnte.

und? ist es dir gelungen?

es schien keinen ausweg zu geben. ich hatte
ja keine kleidung zur verfügung. alles war
versperrt worden, damit ich eben nicht
selbständig entweichen könnte. das war
aber das geringere problem. ich wusste
inzwischen, wo der ankleideraum des
personals lag und dort war es am abend
ruhig, denn die meisten angestellten gingen
um 17 uhr nach hause. das spiel in unserem
heimstadion würde erst um 20 30 Uhr
beginnen. also zeit genug! das viel größere
problem war das mit der infusion, an der ich
ständig hing. aber da gab es ja den galgen
zum klogehen, an dem die infusionsflasche
hängt. du weißt schon: dieses 2 meter 20
lange rohr auf drei rädern
mit einem haken oben, an den die flasche
gehängt werden kann.
diesen galgen musste ich mitnehmen, es

half alles nichts, wollte ich nicht den plan des
arztes für meine heilung gefährden und – ich
wollte mich natürlich auch nicht blamieren.
also los! hinaus mit mir aus dem
krankenzimmer, nachdem am abend die
infusionsflasche angehängt worden war.
nach etwa vier stunden sollte die nächste
drankommen. viel zeit hatte ich nicht, aber
es musste sich ausgehen! mich zog es
wirklich zu diesem entscheidenden spiel. ich
war sozusagen ausgehungert nach einem
richtigen fußballspiel in der vollen länge,
nicht unterbrochen von den dauernden
wiederholungen im fernsehen, die den
spielfluss stören. nur das spiel,
das reine spiel, das war es, was mich
magisch aus dem
krankenhaus hinauszog.

und? wie ging es weiter?

es war einfacher als ich dachte:
ich marschierte mit meinem
galgen den gang vor den zimmern auf
und ab. im stationszimmer war nur die
diensthabende schwester anwesend und
die trug irgendwelche dinge in irgendwelche
listen ein. sie schaute nicht auf, als ich an ihr
vorbei ins stiegenhaus schlich.
das weitere ist schnell erzählt: ich fand eine
halbwegs passende kleidung und stand im

nu unten auf der straße.

keiner hatte was bemerkt. nur einmal hatte ich schiss, als beim labor im erdgeschoß die tür einen spalt breit aufging.

aber es waren die laborassistentin und der laborassistent, die beide das licht scheuen mussten bei dem, was sie taten.

da hatte ich nichts zu befürchten. unten, auf der straße, überlegte ich kurz: das stadion ist zu fuß eine halbe stunde weit entfernt, das spiel beginnt in einer halben stunde.

normalerweise würde sich das leicht ausgehen, aber mit dem gerät an der hand. – du weißt schon, der galgen mit der infusion dran – das würde länger als ein halbe stunde dauern.

also was tun?

taxi!

richtig: taxi! dass ich da nicht gleich draufgekommen bin.

also taxi! der fahrer staunt nicht schlecht, als er mich sieht. hat der noch nie jemanden vom krankenhaus abgeholt?

doch, aber noch kaum um 20 uhr am abend und noch dazu mit einer infusionsflasche am mitgeführten galgen!

also gut, ich hinein in das taxi. ah, nicht so leicht, da ist ja der sch(sind kinder in der nähe? nein!)eißgalgen!

ich fuhrwerke einige zeit herum, der taxler
schaut verzweifelt drein. aber schließlich,
als wir den oberen teil des infusionsgalgens
rechts vorne beim fenster hinausschauen
lassen, geht sich alles aus. dann ab in
richtung stadion.
ist eh schon zeit! dort dieselbe prozedur, nur
umgekehrt. ich schwitze. der taxler schaut
erst freundlicher, als ich ihm ein großes
trinkgeld gebe. nur weil ich einen guten
tag habe, mann, sagt er, sonst hätte ich
sie bei der polizei abgesetzt oder gar nicht
mitgenommen. oh, polizei, kaum
aus dem taxi heraußen, hatten wir die brüder
gleich vorne.
was werden die mich wohl fragen?

was haben sie dich gefragt?

konnten mich nichts fragen, denn das
stadion und seine
umgebung kenne ich wie meine
westentasche. schwups,
war ich in der unendlichkeit verschwunden.
das ist wie
das bermudadreieck: da kannst du dich
verlieren und keiner findet dich je wieder.
aber beachte wohl: alles
mit dem infusionsgalgen an der hand!

na eben!

44

also, ich unterwegs zu meinem lieblingsplatz, der immer für mich frei ist: mitten unter den besten fäns in der westkurve. den treffe ich und den.

alle schauen mich erstaunt an, keiner sagt was. alle machen platz, ich komme gut voran. oben reihenweise die bierkioske und die genießer davor ..... aber ich brauche das nicht mehr, es wird später auch noch bier geben.

ich denke dankbar an dr. brewer, der mir diese zuversicht gegeben hat. ich erreiche meinen platz und atme tief durch.

geschafft! gleich wird das spiel beginnen, die mannschaften
sind schon am spielfeld. ich klammere mich an meinen
galgen und warte auf den anpfiff. die partie wogt hin und her.

wir wussten, dass es ein harter kampf sein würde.

es wäre auch alles gut gegangen, wenn nicht dieser idiot von schiedsrichter diesen unberechtigten elfmeter gegen uns, gegen meine mannschaft, gepfiffen hätte.

da entsteht dicke luft. wir schreien, wir pfeifen. unten klettern die ersten über den zaun, der den zuschauerraum
vom spielfeld trennt. meine galerie kommt in bewegung,
alles drängt hinunter in richtung feld.

ich versuche mich zu halten, auf meinem
platz zu bleiben, klammere mich krampfhaft
am galgen fest, doch das kann nicht gut
gehen.

oweh!

ja, es kommt, wie es kommen muss. in
dem allgemeinen wirrwarr kollere ich die
stiegen des stehplatzsektors hinunter. einige
kollegen stolpern über mich,
andere wollen mir helfen, mich emporziehen.

und?

was soll ich dir sagen? die versicherung
verlangt von mir
die kosten der kur zurück und die bezahlung
des total verbogenen infusionsgalgens.

aua!

eines weiß ich: bevor ich die kur nochmals
anfange kontrolliere ich den spielplan meines
klubs und trinke noch einige biere. naturtrüb
natürlich. denn: so gut die forschungen und
hilfen von dr. brewer auch sein mögen,
so ein frisch gezapftes naturtrübes .....

....

allerdings gelang mir gerade in dieser zeit,
als es mir wirklich schlecht ging wegen

meiner naturtrübbiersucht,
eine bahnbrechende erfindung.

eine erfindung?

ja. es war so, dass ich mich zu dieser zeit
vornehmlich in lokalen aufhielt, besonders in
herabgekommen spelunken
und beiseln, damit mich die anständigen
leute, von denen ich doch noch einige zu
meinem bekanntenkreis zählte, nicht zu
sehen bekämen.
ich wollte doch noch ein halbwegs
gutes bild von mir
in den leuten erhalten.

aber was kann man da noch erfinden, wenn
man schon ganz am boden ist?

ja, man sollte die kreativitätsmöglichkeit in so
einer lage nicht unterschätzen. irgendwie ist
der geist in einem solchen zustand, in dem
ich war, befreit von den alltäglichkeiten. die
erfindung hat natürlich etwas mit meinem
damaligen zustand und den umständen zu
tun.

da bin ich aber neugierig!

ich hatte mich damals mit einem
sonderbaren kautzigen tüpen angefreundet,
dem es wie mir erging. wir waren also

sozusagen leidensgenossen, brüder auf gleichem weg.
wir hingen tagtäglich in den verrufensten lokalen herum und kamen einfach nicht weg.
wir waren wie angebunden in dem ganzen rauch und fuselgestank und klogeruch.
wir waren dort wie eingehüllt in schutzpanzer, in denen uns nichts passieren konnte, schon gar nicht durch die unverständige böse welt da draußen.

aber du hättest doch in eine entwöhnungskur gehen können!

natürlich! aber damals war ich noch nicht soweit. ich war der auffassung, dass ich ohne naturtrübes bier sterben würde.

wie konntest du nur so weit kommen?

soviel zeit haben wir nicht, da gibt es hunderte erklärungsversuche. aber ich befasse mich nicht mehr damit, denn das ist ja jetzt vorbei, obwohl .....

was obwohl?

na ja, das prickeln auf der zunge, wenn ich an einem lokal vorbeigehe, in dem naturtrübes bier ausgeschenkt wird, ... aber in der geschichte weiter: ich

habe durch meine erfindung etwas aus der
zeit von damals mitgenommen, das mich
tröstet: du kennst sicher die begriffe dicke
luft oder hier ist die luft zum schneiden?

kenn ich, aber was hat das mit deiner
erfindung zu tun?

das war so: mein damals neu gewonnener
freund ronnie und ich waren schon längere
zeit beisammen und ziemlich
heruntergekommen. wir waren schon so
lange in wirtshäusern beisammen gehockt,
dass wir zeit gefunden hatten, alle filosofien
der welt durchzudiskutieren.
von den auf dem kopf gehenden
ureinwohnern von gerigien*
bis zu den ausgestorbenen dreifüßigen
schnorchelenten*
und dem vorteil der menschlichen
vergesslichkeit gab es fast kein thema mehr,
das wir nicht von vorne bis
hinten und umgekehrt beleuchtet hatten.
unsere dialoge waren manchmal so was von
sinnlos. wir verhedderten uns dann
in einzelnen worten und faselten
irgendwelche unzusammenhängende dinge.
es muss oft grauenvoll gewesen sein, aber
wir verstanden uns immer besser, unsere
fantasie war grenzenlos.
nicht nur, dass wir lösungen für die partei der

steuergerechtigkeit für millionäre* gefunden
hatten, hätten wir auch ein patent für einen
automatischen bierzählermaschinenzerstörer
einreichen können.

wozu wäre denn der wieder gut?

na ja, in unserer lage wäre es von vorteil
gewesen zu verheimlichen, wieviel wir
trinken.

verstehe!

aber der wäre auch auf dem
unterwasserschiff .....

halt, halt, mit der erfindung weiter!

ah ja! also die idee, die entstand so:
ronnie und ich, wir wollten nicht und nicht
heimgehen in die von unseren partnerinnen
sauber geführten und vielleicht noch mit
irgendwelchen duftstoffen versauten
wohnungen.
wir sinnierten hin und her, um eine lösung
zu finden und unsere geliebte beiselluft nicht
missen zu müssen.
also erfanden wir, eigentlich gemeinsam,
ein kleines gerät, mit dem man dicke luft in
bestimmten zusammensetzungen gewinnen
und mit nach hause nehmen könnte.

spinnst du jetzt schon komplett?

ich bin ja wirklich froh, dass uns damals im
experimentierstadium niemand zugehört hat.
wir wären wahrscheinlich in die klapsmühle
eingeliefert worden.
aber wir arbeiteten mit der ernsthaftigkeit
von säufern an der lösung des problems.
abendelang, nächtelang.
die sache verfolgte mich noch bis
in meine wirren träume hinein.

auf was die menschen alles kommen!

die größte schwierigkeit bestand darin,
ein lokal zu finden, in dem es die richtige
luftmischung gab. denn nur mit der
richtigen luftmischung war der erfolg
möglich. nur mit der richtigen luftmischung
konnten wir unsere idee patentreif machen.
aber es ist gelungen, wir haben
ein lokal gefunden, das heißt ronnie hat es
gefunden.
.....
also, ich komme in das beisel,
das ronnie mir beschrieben hatte. es war nur
spärlich beleuchtet, die luft zum schneiden,
eine mischung aus tabakrauch, whiskydunst,
bierfusel, gestank von erbrochenem und eine
geruchsfahne die durch die offene seitentür
vom klo hereinwehte. herrlich!

noch dazu hatte es geregnet und der geruch
der nassen mäntel und jacken gab dem
ganzen ein unglaubliches aroma – den tupfen
auf dem i! ich kämpfe mich durch
die massen von schwankenden gestalten
ganz nach hinten durch. ronnie muss schon
längere zeit da gewesen sein, er sitzt bei
einem kleinen tisch, umklammert die
tischplatte, um das zittern seiner hände zu
verbergen.

du erzählst aber heute wieder langatmig,
spann mich doch nicht so auf die folter!

gemach, gemach, alles der reihe nach!
wie gesagt, ronnie war der meinung, dass
wir die dicke luft des beisels mit nach hause
nehmen könnten.
´tschuldige, sage ich zu ronnie, ich hab es
nicht gleich gefunden. er: war aber höchste
zeit, jetzt sind die umstände günstig.
spendierst du mir noch ein naturtrübes?
aber ja, sage ich. der wirt bringt zwei gläser.
ronnie setzt an, schluckt das bier, wobei
seine zähne laut gegen das glas klappern.
er macht einen langen zug. hustenanfall.
krebsrotes gesicht. tränen rinnen an seinen
wangen herunter.

das dauert aber, kannst du nicht endlich zur
hauptsache kommen?

aber ja, gleich haben wir´s! ronnie: die
luftzusammensetzung ist heute hier
außerordentlich günstig, so richtig dick zum
schneiden. ich wische mit dem ärmel über
die tischplatte, stelle das kleine kästchen mit
den drähten und lampen auf den tisch, öffne
es, nehme das gebogene messer mit dem
haken vorne dran heraus, schneide
einen kleinen würfel aus der verrauchten
verwhiskiten und stinkenden luft, spieße ihn
mit der gebogenen messerspitze auf und
verstaue ihn sorgsam in meinem kästchen.

nein, das gibt's doch nicht!

doch! aber auch ronnie ist baff. es geht, es
geht, schreit er, sodass sich die in der nähe
stehenden saufbolde alle nach
uns umdrehen. da brauch ich noch ein
naturtrübes. der wirt bringt zwei gläser.
wieder ein langer zug. ronnie:
probier´s noch mal! wieder schneide ich
einen kleinen würfel aus der dicken luft und
verstaue ihn in meinem kästchen. jeder
würfel, den ich aus der dicken luft schneide
wird von zwei gläsern naturtrübem begleitet.
das gehört zum erfolgsrezept: jeder
herausgeschnittene und im kästchen
verstaute würfel nimmt der luft im beisel
etwas von ihrer für unsere zwecke sehr
gut geeigneten konsistenz und daher

müssen der luft wieder neue geruchsanteile
zugeführt werden.
dazu gehört auch, die seitentür wieder zu
öffnen, nachdem sie einer der benützer des
klo´s geschlossen hatte. an diesem
abend schaffen wir dreiundzwanzig würfel
bevor sich unser geist gänzlich vernebelt.

das denk ich mir, bei dreiundzwanzig gläsern
bier!

aber es ist ein durchschlagender erfolg. es
ist endlich geschafft: die wunderbare luft des
beisels kann transferiert werden, wohin man
will, in welcher dosierung man sie haben
möchte. dank ronnie und seiner aufopferung.
und mein anteil an der sache ist nicht der
geringste!

und das patent?

ist angemeldet und wartet auf seine
industrielle verwertung.

benützt du die technik noch manchmal?

nicht wirklich. ich möchte nicht in die alten
zeiten zurückfallen, war schwer genug,
herauszukommen.

aber könnte man das nicht auch an anderen
orten versuchen? in kirchen zum beispiel oder

in schulklassen, konzertsälen, auf
fußballplätzen, überall, wo menschen
zusammenkommen und wieder weggehen
müssen, die atmosfäre wieder verlassen
müssen, die sie so wunderbar finden!

daran habe ich eigentlich nicht gedacht. das
hat mich eigentlich nie interessiert, denn
eine wirklich dicke luft zum schneiden .....
ich weiß nicht, ob die an den orten, die du
aufgezählt hast, auch wirklich zu finden
wäre? ich bezweifle es! .....
immer wenn ich an diese verrückte zeit
denke, fällt mir mein irischer lieblingsautor
flann o´brien* ein, der im suff endete. ihm
widme ich meine biererfahrungen.
....

übrigens ist mir damals auch etwas wirklich
peinliches passiert. peinlich im doppelten
sinne, weil ich ja meinen zustand vor den
mir noch immer gut gesinnten freunden und
bekannten verbergen wollte.

hat dich jemand von denen in besoffenem
zustand gesehen?

ja und noch dazu unter besonderen
umständen.
und das war so: nach einer unserer saufturen
wache ich auf. es ist schon hell. versuche,

mich zu orientieren. liege mitsamt der kleidung in einem bett. es ist nicht meines. erschrocken setze ich mich auf und schaue ungefähr zwanzig leuten ins gesicht.

was? wieso?

ich war in einem möbelhaus in einem im schaufenster ausgestellten bett gelandet.

wie das? wie bist du da hineingekommen?

keine ahnung, ich war ja völlig hinüber. leider war unter den leuten vor dem schaufenster auch ein arbeitskollege von mir, der gerade auf dem weg ins büro war. jetzt war ich blamiert. aber ich konnte ihm meine entschuldigung in die firma mitgeben. arbeitsmäßig war an diesem tag mit mir nichts mehr anzufangen.

nichts lässt sich für immer verbergen!

aber nichts ist so schlimm, dass man nicht auch etwas positives draus machen könnte. ich verhandle mit dem möbelhaus wegen der sache.

was gibt's da zu verhandeln?

na stell dir vor: zwanzig leute standen vor dem schaufenster. was für ein werbeeffekt, wenn

man da immer jemanden gewinnen könnte,
der sich ins bett im schaufenster legt!
vielleicht sogar eine berühmtheit! ich mache
den agenten und vermittle werbelieger. willst
du nicht gegen ein entgelt mitmachen?

nein, nein, du verrückter kerl.
bei der sache bin ich nicht dabei!

weil wir vorhin von erfindungen sprachen.
mit einer anderen erfindung hatte ich
weniger glück.

du hast noch eine erfindung gemacht?

ja, aber die war nicht erfolgreich.

erzähl!

das war so: es hatte mich schon sehr lange
beschäftigt, dass immer wieder flugzeuge
abstürzen. das viele elend!
ich habe mir überlegt, wie man das
verhindern könnte, das abstürzen.

und?

na wie kann man verhindern, dass ein
flugzeug, das so hoch in der luft fliegt,
abstürzt, wenn es einen defekt gibt?
lange stangen!

lange stangen???

ja, dann könnte man die flugzeuge stützen
und die vielen abstürze würden verhindert.

aber wie soll denn das gehen, die
geschwindigkeit, die hindernisse? wer trägt
die stangen? wie steigen die leute ein?

alles stundenlang überlegt, tagelang,
wochenlang, jahre. viel zeit damit vertan –
auf keinen grünen zweig gekommen.
zu viele hindernisse. aufgegeben!
in irgend einer schublade habe ich noch
eine menge skizzen davon liegen. es war
unglaublich, an was man alles denken
musste, um die flugzeuge mit dem boden in
verbindung zu halten. man hätte am boden
richtige flugstraßen anlegen müssen – wie
autobahnen – kreuzungsfrei, denn wie soll
ein flugzeug da oben angehalten werden,
wenn der bahnschranken zu ist?

vernünftig überlegt!

aber wie gesagt, es ist nie etwas
produktionsreifes daraus geworden.
eigentlich schade, denn es geschehen
ja noch immer so viele flugzeugunglücke mit
vielen toten. ich habe mir schon gedacht,
dass ich die idee und die skizzen dem

unsinns-museum gebe, damit das ganze wenigstens irgendeinen sinn hat.

gute idee, wenngleich es irgendwie schade ist, dass wir hier an einem punkt angelangt sind, an dem wir erkennen müssen, dass bei aller fantasie doch nicht alles möglich ist.

ja wirklich, man könnte direkt nachdenklich und sentimental werden oder das thema wechseln. obwohl .....

was heißt obwohl?

da war noch eine sache mit flugzeugen!

aha!? was denn?

du weißt doch, dass jetzt sehr viele menschen mit dem flugzeug reisen.
in gegenden, die sie früher nur vom hörensagen kannten!

ja ich sehe die ganzen billigangebote in den zeitungen. trotzdem können sich viele das reisen mit dem flugzeug nicht leisten. und wieder sind die reichen die nutznießer.
die armen bleiben zu hause!

na bei meinem vorschlag wird das fliegen noch billiger.

wie? noch billiger? das geht doch schon nicht
mehr!

doch! Ich führe stehplätze ein, zumindest in
einem teil der flugzeuge. die leute
bekommen um die hüften einen gurt und es
gibt haltegriffe. so einfach ist das!

also da wird doch keiner mitmachen!
und wenn, dann höchstens bei kurzstrecken!

für längere strecken könnte ein wechseltarif
behilflich sein!

wechseltarif?

ja, man bekommt einen verbilligten platz,
wenn man einen teil des fluges sitzt und den
anderen teil steht. damit könnte man die idee
auch auf längeren strecken einsetzen.

unglaublich, auf was du alles kommst!

mehrere fluggesellschaften wollen schon mit
mir zusammenarbeiten. was sagst du dazu?

Ich bin platt und neugierig, ob sich die sache
durchsetzen wird.
bei dir ist man ja vor nichts sicher!

übrigens: habe ich dir schon von meiner
indienreise erzählt?

du warst in indien? mit dem flugzeug?
auf einem sitzplatz? erzähl!

aber gerne! indien ist ein fantastisches land
mit sehr großen gegensätzen. arm und
reich, glück und unglück liegen dort näher
beisammen als anderswo. da kannst du
erleben, dass irgendein mogul auf einem
mit edelsteinen geschmückten elefanten
vorbeitrottet, während die schwestern der
mutter teresa gerade die toten der letzten
nacht einsammeln, um ihnen wenigstens
ein würdiges begräbnis zu sichern.

das muss ja deprimierend sein.
ich möchte dort gar nicht hinfahren.

ja, man braucht einen starken magen für
das ganze. aber es gibt wunderschöne
bauten zu sehen, herrliche landschaften und
originelle dinge. ich habe damals ein wirklich
interessantes suvenir mitgebracht.
das muss ich dir zeigen. wir sind eh grad bei
meinem haus. komm herein!

halt ich dich nicht auf?

aber nein, für heute hab ich nichts
besonderes mehr vor!

xdyftsökrv! jetzt bin ich doch glatt in
hundescheiße

gestiegen. man weiß ja gar nicht mehr, wo man hinsteigen soll und die ganzen vorschriften nützen auch nichts, denn die leute lassen die trümmerl liegen, besonders nachts. zum glück habe ich heute meine schuhe mit den glatten sohlen an, die kann ich leichter reinigen als die mit der profilsohle.

ja, das ist wirklich unangenehm. ist mir auch schon passiert!

ich bin ja wirklich froh, dass im neuen eu-büdsche für den bereich forschung und innovation ein stark erhöhter betrag eingesetzt wurde. wie ich nämlich von meinem freund erwin, der in der forschungsanstalt für hundehygiene arbeitet, weiß, wird sehr intensiv an einer lösung für die hundstrümmerl gearbeitet.

aber geh! was forschen denn die so?

na zum beispiel wie man die hundstrümmerl leichter entsorgen kann ohne grausen.

und? was schlagen die vor?

die hauptforschungsrichtung geht bisher in die richtung, dem hundefutter ein verträgliches plastikgemisch beizumengen, sodass die trümmerl gleich verpackt hinten herauskommen.

nein! ich glaub´s nicht!

aber so ist es. wegen der hohen kosten hätte das projekt längst abgebrochen werden müssen, aber die büdscheerhöhung durch die eu ermöglicht weitere forschungen, die notwendig sind, weil das ganze noch nicht wirklich ausgereift ist.

und du glaubst, dass das einmal möglich sein wird, dass man die ....?

aber sicher! ich vertraue da ganz auf meinen freund erwin. wenn der etwas in die hand nimmt, dann hat es für gewöhnlich hand und fuß. in diesem fall ist es ein in plastik verpacktes hundstrümmerl, das vom herrl oder frauerl gerne entsorgt wird.

na lassen wir uns überraschen!

so, da sind wir! wir gehen durch den garten!

ein toller garten! aber sind das nicht lauter gleiche bäume?

ja, kirschenbäume! in diesem garten habe ich nur kirschenbäume!

warum?

weil es für mein system so besser ist.

welches system?

jedes jahr schneide ich den ältesten baum
zur zeit der ernte um und pflanze an seiner
stelle einen neuen.

kirschenbaum?

ja! du weißt doch, dass immer wieder
menschen beim kirschen ernten von baum
fallen und unter umständen sogar tot sind!

weiß ich doch. ist sogar schon in meiner
nachbarschaft passiert.

na also! ich schneide den ältesten baum um,
daher kann ich beim kirschen pflücken nicht
herunterfallen und bleibe am leben. ich habe
dreißig kirschenbäume, wenn ich jedes jahr
einen umschneide und einen neuen pflanze,
wachsen genug bäume heran, um mein
system aufrecht zu erhalten.

so was habe ich noch nie gehört. du bringst
mich doch immer wieder zum staunen!

freut mich, dass du durch mich stets
neue dinge erfährst. aber gehen wir
jetzt ins haus!

schön hast du´s!

ja, aber nur weil unsere putzfrau meine frau
auf trab gebracht hat.

was?

ja! aber das erzähle ich dir nachher,
jetzt zeig ich dir zuerst mein suvenir
aus indien. dazu müssen wir hier durch
diesen gang in einen separaten raum gehen,
denn dieses andenken kann ich nicht im
wohnzimmer aufhängen, wie du gleich
sehen wirst.

da bin ich aber wirklich sehr gespannt!

was ist denn das?
das schaut ja aus wie abgeschnittene hände!

sind es auch!

ein eigenartig grausiges suvenir!

ja, aber so etwas hat niemand!

wie bist du denn dazu gekommen?
das kann man doch sicher nicht im
turistenschop kaufen?

das war ein wirklich sonderbarer zufall.
ich schlendere durch einen der vielen

basare in m. alle taschen fest verschlossen.
den fotoapparat an mich gepresst.
unglaubliche sachen rundherum.
aber das beste: ich biege um eine ecke und
vor
mir steht der norbert ungrad.

was, der war zur gleichen zeit wie du
in indien?

ja, aber nicht zum ersten mal, so wie ich.
der kannte sich schon viel besser aus.
hin und her, woher, wohin? schließlich
packt er mich bei der hand, zieht mich
ein stück weiter, versucht, mir etwas ins
ohr zu flüstern. ich verstehe nichts.
dann verschwindet er mit mir in einem der
winzigen läden im basar, die sich wie
ein schlauch nach hinten ziehen
über mehrere höfe hinweg.
wir dringen tief in den bauch des basars ein.
ich bekomme es schon mit der angst zu tun.
norbert merkt das und beruhigt mich:
ich pass schon auf dich auf, aber ich muss
dir etwas ganz außergewöhnliches zeigen.

die hände da?

ja, ich hab zwar schon in dem bekannten
buch ´indien von hinten´ des indologen
joseph rabindra* so manches verrückte über

dieses wunderbar riesige und großartige land
gelesen. aber dass norbert mir dort diese
hände zeigen würde, darauf war ich nicht
gefasst. mich schauderte zunächst,
aber dann wuchs mein interesse.

und du hast eine erklärung dafür?

ja, aber zunächst mussten wir platz nehmen,
bekamen tee und kekse mit einer grünen
undefinierbaren paste drauf, die aber
fantastisch schmeckte.....

und? was war die geschichte?

geduld! nach dem tee und den keksen
mit der grünen paste war ich ein bisschen
belämmert, dachte mir aber noch nichts
dabei. jedenfalls wachte ich in einer rikscha
auf, diesen kasten da mit den händen neben
mir und einem zettel in der brusttasche mit
einem text in sanskrit.

sanskrit? was ist denn das?

na, die alte indische sprache, die man heute
wiederbeleben will.

aha! und was hast du dann gemacht?
du wusstest ja dann soviel wie zuvor:
nämlich nichts!?

ganz einfach: ich ließ mich erst einmal
in mein hotel bringen und schlief mich
ordentlich aus, ich war ja ganz durcheinander.

was ist jetzt mit der geschichte dieser
hände da? hast du den zettel übersetzen
lassen?

na sicher!

und was stand drauf?

es sind die hände von taschendieben!

waaaaas?
von taschendieben?

ja! wie du weißt gibt es in gesellschaften,
wie in indien, wo sich sehr oft große
menschenmassen in den straßen und
auf den plätzen drängen, auch sehr
viele taschendiebe, gerade auch aufgrund
der armut, die dort herrscht. die leute
müssen sich um's überleben sorgen.

und zur strafe hackt man ihnen die hände ab?

nein! siehst du hier unten rechts am rand
des schaukastens dieses kleine gerät?

ja, aber was ist damit?

das wurde in die tasche des mannes,
dem es schon zuwider war, dauernd von
taschendieben bestohlen zu werden,
eingebaut. und zwar so, dass der
taschendieb durch den ring hier oben
durchgreifen musste, um an die börse oder
das geld zu kommen. der rest ist einfach:
hatte der dieb durch den ring durchgegriffen,
schnappte der ring, der ein gelenk hat,
zusammen und trennte dem dieb
sauber die hand ab.

fürchterlich!

ja, wir würden so was niemals machen,
selbst wenn wir öfters bestohlen würden!

der mann, der das gerät besaß,
hatte eine sensible seele, denn er ließ
in die falle auch noch eine automatische
desinfektionsspritze einbauen und
zusätzlich einen verbandsautomaten,
der dem dieb den handstumpf verband.
auf dem zettel, der mir zugesteckt wurde,
rühmt er sich deshalb seiner humanität.

na dankeschön!
und warum hat er den apparat weggeben?

er benötigte ihn nicht mehr!
es gab schon nach kurzer zeit keine
taschendiebe mehr in seiner stadt.

puh! meine gänsehaut vergeht gar nicht
mehr!
da freue ich mich direkt wieder
auf eine hiesige geschichte, wie die mit
eurer putzfrau, die wolltest du mir doch
erzählen.

ja, aber gar nicht gerne. ich denke nur
ungern daran.

warum? war die putzfrau nicht ordentlich?

doch, doch, sehr ordentlich sogar, aber
meine frau .....

was ist mit deiner frau?

die war jedes mal vollkommen fertig,
wenn der putztag herankam. schließlich
musste sie schon beruhigungsmittel
einnehmen, um den tag überhaupt zu
überstehen.

das verstehe ich nicht,
so eine putzfrau ist doch eine entlastung!
die nimmt einem doch die unangenehme
arbeit ab!

sollte man meinen!

wieso, war das bei euch nicht so?

nein, ganz und gar nicht, jedes mal wenn ihr besuch bevor stand, war schon zwei tage vorher mit meiner frau nichts anzufangen. sie hatte schweißausbrüche, schrie im schlaf und war zu keinerlei ablenkenden aktivitäten zu gewinnen. unser kulturprogramm richtete sich damals nach den besuchen der putzfrau.

das ist ja unglaublich, so was habe ich noch nie gehört. ..... und warum war deine frau so aufgeregt?

die putzfrau war sehr streng. meine frau bemühte sich sehr, den haushalt beim erscheinen der putzfrau in ordnung zu haben, aber jedes mal fand diese irgend etwas zu kritisieren.

aber die ordnung wäre doch sache der putzfrau gewesen.

sollte man meinen. aber unsere war anders: wenn sie kam, wollte sie sich zum gedeckten tisch etzen, ihren kaffee trinken, natürlich von der besten sorte, dazu kuchen oder torte essen. dabei ließ sie sich darüber informieren, wie meine frau die wohnung sauber gemacht hatte und war gar nicht immer gleich zufrieden mit der arbeit meiner frau. dass das ein großer stress für meine frau war, kannst du dir denken.

verstehe, aber wie habt ihr das problem
gelöst, denn deine frau ist doch jetzt eine
wunderbare gesellschafterin, gelöst
und witzig in der unterhaltung. oft sehen wir
uns im theater.

als es dann gar nicht mehr ging und meine
frau nahe an einem nervenzusammenbruch
war, haben wir unsere putzfrau unserem
intimfeind, dem dr. golger weiterempfohlen.
wie man hört, soll es dort genauso laufen
wie bei uns. eine unerfreuliche geschichte!
....

reden wir von etwas erfreulicherem:
bist du eigentlich schon einmal in einer
dieser neuen umweltschonenden
straßenbahnen gefahren?

nein! aber gehört habe ich schon davon.
das muss eine wirklich geniale leistung
unserer techniker sein.

ja, denn alles, was energie verbraucht,
kommt zunehmend in die kritik. viele
annehmlichkeiten der früheren zeiten
mussten schon aufgegeben werden.

also! erzähl von der straßenbahn!
wie geht das?

man entscheidet sich schon beim einsteigen
ob man im betriebsabteil oder im
passaschierabteil fahren will. das heißt,
ältere oder behindert personen oder kinder
fahren auf jeden fall im passaschierabteil.
sie bezahlen dafür eine geringe gebühr, weil
sie ja nichts dafür können, dass sie nicht in
der lage sind, im betriebsabteil zu fahren.

und was hast du gemacht?

na, ich rein ins betriebsabteil. zuerst muss
ich im mittelgang stehen, wegen des
großen andranges, denn im betriebsabteil
bezahlt man keine fahrtgebühr. junge und
gesunde menschen bezahlen, wenn sie
im passaschierabteil fahren, eine hohe
benützungsgebühr.

sinnvollerweise!

also gut, die reihen lichten sich, ich rücke vor,
dann ist es soweit: ich klinke mich in einen
der frei gewordenen betriebssitze ein, setze
die füße in die pedale und trete fleißig mit.
dadurch trage ich dazu bei,
dass noch immer straßenbahnen
fahren können, sonst wäre dieses
fortbewegungsmittel vielleicht sogar
schon abgeschafft worden.

aber wie funktioniert das system, wenn es weniger fahrgäste zum treten gibt? zum beispiel in der nacht!

ganz einfach: dann muss eben strom aus dem netz dazugeschaltet werden. aber natürlich ist es auch schon passiert, dass ein ganzer straßenbahnzug irgendwo stehen geblieben ist, weil zu wenig leute für das betriebsabteil da waren und weil kein strom aus dem netz genommen werden durfte, weil sonst wichtige einrichtungen, wie krankenhäuser oder schulen nicht versorgt gewesen wären.

also doch nur eine teilweise gute sache!

nein, sie ist sehr gut. wir müssen nur dafür werben, dass viele bürger in den betriebsabteilen mithelfen, damit die straßenbahnen fahren können.
es gibt auch schon entsprechende werbekampanjen.

also gut, du hast mich überzeugt.
ich werde es ausprobieren, denn außerdem habe ich einige kilos zu viel. da kommt diese gelegenheit gerade recht!

na siehst du!

das mit der straßenbahn ist auch ein ganz
gutes träning, wenn ich zum tennis spielen
fahre.

du spielst tennis?

na ja, eigentlich nicht direkt.

was heißt, eigentlich nicht direkt?

das ist so: in meinem klub, ein superklub
übrigens, du solltest einen beitritt überlegen,
das restaurant, die prominenten mitglieder
der gemeinsame urlaub im herbst, ...

na und tennis spielen tut ihr auch?

schon, aber nicht direkt!

also erzählst du mir jetzt etwas darüber oder
nicht?

klar! bei uns im klub ist es so:
das wichtigste ist, einen ausgezeichneten
spielmaschineneinsteller zu aungaschieren.

spielmaschineneinsteller? was macht der?

na, der stellt meine spielmaschine so ein,
dass ich gewinne. ..... zumindest dann, wenn
mein spielpartner keinen so guten

spielmaschineneinsteller hat, wie ich!

dann spielst du ja eigentlich gar nicht tennis?

aber natürlich!, ich bin mit begeisterung
dabei, beobachte, wie meine maschine
gegen die maschine von herrn direktor
grillenberger spielt. dabei sitzen wir beide
gemütlich im schattigen klubgarten, trinken
ein naturtrübes ums andere und haben die
herrlichsten gespräche über dies und das.

also weißt du, sowas darf sich doch
eigentlich gar nicht tennisklub nennen!

aber bitte! das hat unser kollege gerd
weinwurm auch vehement vertreten,
am anfang. inzwischen hat er eine
der besten spielmaschinen und einen
spielmaschineneinsteller,
der wirklich was kann. ich glaube, den muss
ich ihm noch einmal abwerben. seit er den
hat, habe ich noch kein einziges mal gegen
ihn gewonnen und das will etwas heißen,
denn ich bin sehr gut und war schon dreimal
klubmeister.

also, ich weiß nicht! ..... keiner am platz,
alle im klubgarten, das erscheint mir
gespenstisch, ...

man gewöhnt sich daran. inzwischen hat
der klub im nachbarbezirk auch schon
mit der einführung von spielmaschinen
begonnen. das ermöglicht tennis bis ins
hohe alter. sogar an meisterschaften und
vergleichswettkämpfe wurde schon gedacht
.....

man sollte sich neuerungen gegenüber
überhaupt nicht verschließen!

also, ich brauch immer eine weile bis ich
mich auf etwas neues umstellen kann.
zum beispiel die rollenden gehsteige,
die doch jetzt so in sind und sogar schon
über land geführt werden, nicht nur in der
großstadt. mit denen tu ich mich immer noch
schwer. noch dazu dann, wenn es mehrere
nebeneinander gibt, zum umsteigen
mit verschiedenen geschwindigkeiten.

aber das ist doch sehr praktisch
und bloß eine gewohnheitssache,
du musst nur den trick heraus bekommen!

ich versuchs ja innerhalb unserer stadt,
aber über land habe ich mich noch nicht
getraut.

aber geh! schade!,
man erspart sich sämtliche verkehrsmittel

und kann in kürze die weitesten distanzen
überwinden.

die geschwindigkeit der überlandgehsteige
ist mir zu hoch. auf einem solchen hätte ich
kürzlich fast einen unfall gebaut!

oje! hast du nicht den erforderlichen
gehschein zur benützung der rollenden
gehsteige gemacht?

doch! aber trotzdem .....

soll ich einmal eine tur mit dir unternehmen.

das wäre sehr nett, ich würde gerne
meinen freund norbert in f. besuchen,
den habe ich schon lange nicht gesehen.

gut! für die etwa sechzig kilometer
werden wir nicht ganz eine stunde
benötigen. und was dir vor allem
die sache erleichtern wird:
auf den überlandgehsteigen gibt
es sogar sitzgelegenheiten mit einem
schutzschirm wegen des fahrtwindes.
wenn man sich einmal für die höchste
geschwindigkeit entschieden hat,
und nicht mehr wechseln will, setzt
man sich und wartet, bis man am ziel ist.

na fein! und nichts kann passieren?

nicht wirklich! man muss allerdings
schon darauf achten, das ziel nicht zu
verpassen, da die gehsteige zum
unterschied von bus und bahn nicht anhalten.

oweh! da sehe ich schwarz für unsere reise.

nein, nein! keine angst, wir tippen
am beginn der reise unser ziel in den
kompjuter und erhalten rechtzeitig
anweisungen, die gehsteige zu wechseln,
damit wir beim aussteigen langsam genug
sind, um keinen unfall zu verursachen.

ich weiss nicht!

aber ja! wir versuchen es!

wann reisen wir?

ich könnte übermorgen!

gut, dann werde ich dich jetzt nicht länger
belästigen und dich für heute verlassen.

du bist keine belästigung für mich,
ich freue mich immer, wenn ich meine
geschichten erzählen kann.
ich hab noch etliche auf lager.
übermorgen erzähl ich dir noch ein paar
interessante sachen!

....

zwei tage später in der kabine des rollenden
überlandgehsteiges:

na, wie fühlst du dich?

ein bisschen schwindlig, aber es geht ganz
gut, vor allem jetzt, wo wir sitzen! jetzt bin
ich bereit zum zuhören! du wolltest mir doch
noch mehr geschichten erzählen!

aber sicher, vielleicht wäre jetzt,
wo wir ein alternatives verkehrsmittel
benützen, die geschichte mit dem
uringetriebenen auto passend, wo es doch
so ist, dass manche befürchten, dass
das automobil bald gänzlich von unseren
straßen verschwunden sein wird.

uringetriebenes auto?
das meinst du nicht ernst!

hast du noch gar nichts davon gehört?
so geheim ist das gar nicht und von einem
erdölkonzern aufgekauft und schubladisiert
ist die idee auch noch nicht.

wie soll denn das funktionieren?

stell dir vor wie praktisch!

dein auto bleibt stehen, weil dir der
treibstoff ausgegangen ist, ...

peinlich, hofffentlich hält ein straßenkamerad
an, um mich zur tankstelle mitzunehmen
oder er hat einen kanister mit treibstof in
seinem wagen!

nicht nötig, viel einfacher:
du öffnest den tankdeckel und
pinkelst hinein und schon geht die fahrt
weiter.

neiiiiin! nicht möglich!

doch, es gibt schon versuchsfahrzeuge
und teststrecken.

unglaublich!
aber der gestank!

kein problem! inzwischen ist die technik
so ausgereift, dass der urin so restlos
vom motor verarbeitet wird, dass keine
geruchsbelästigung mehr entsteht.
und einen ganz großen vorteil hat die sache
natürlich auch noch: kein urin mehr in den
klos und das viele wasser, das zum spülen
notwendig war, kann gespart werden. bei
der ressursenknappheit heutzutage wirklich
ein segen!

na, ich bin gespannt!
aber was ist, wenn mein auto stehenbleibt
und ich muss gerade nicht.

vielleicht kommt dir jemand zu hilfe,
der gerade pinkeln muss.

und wenn nicht?

schließlich bleibt auf jeden fall das alte prinzip
mit dem reservekanister!

aber da hast du auf jeden fall die probleme
mit der geruchsbelästigung! ob sich das
durchsetzen wird?

zugegeben, aber es wird intensiv daran
gearbeitet, geruchsdichte verschlüsse
für die kanister zu konstruieren und
dementsprechende
anschlussstutzen für die tanks.

was wir noch alles erleben!

ja, gleichzeitig mit der verknappung der
erdölressursen wurde an der sparsamkeit
der autos gearbeitet, um weiter autos
benützen zu können.

tatsächlich?

eine ganz verrückte idee gegen alle bisherigen erfahrungen ist das viereckige auto. bisher war man der auffassung, autos müssten stromlinien-förmig aussehen, um sparsamer im verbrauch zu sein.

das hätte ich auch gemeint!

aber nein! das viereckige kastenauto übertrifft alle stromlinienförmigen autos bei weitem. der trick dabei ist, dass die luft, die durch dieses auto verdrängt und über das dach verwirbelt wird, als zusätzliche antriebsenergie zur verwendung kommt. das hat den verbrauch dieser autos im vergleich zu den bisherigen modellen und versuchen halbiert.

erstaunlich, was den menschen alles einfällt!

ja und es ist eigentlich ein segen, dass das erdöl ausgeht. wie könnten wir zum bespiel so eine erfindung, wie den rollenden gehsteig zur verfügung haben, wenn sich die erfinder nicht den kopf über alternative beförderungsmittel zerbrochen hätten, als das ende der erdölvorräte näher kam.

....

die erfindungsgabe der menschheit ist gewaltig und wird noch gefördert durch die neugier und die sensationslust der menschen, die allem neuen und interessanten sofort nachrennen, um es auszuprobieren oder wenigstens zu sehen. das ist bei dem infrisör ganz in der nähe meiner wohnung auch der fall.

wieso, was macht der?

er hat eine haarfärbeautomatik!

haarfärbeautomatik, wie geht das?

großartig und der ganze gehsteig vor dem lokal ist jeden tag voll mit leuten, die hinein wollen, um sich die haare färben zu lassen. der mann kann sich vor kunden gar nicht retten.
der zuspruch ist gigantisch. inzwischen hat er das geschäft vergrößert und mehr frisöre eingestellt. er könnte tag und nacht arbeiten, hat einen geheimen wohnort und im telefonbuch stehen keine telefonnummern von ihm.

na ja, das ist doch auch kein leben, nie zur ruhe zu kommen!
aber wie funktioniert das ganze?
spann mich nicht so auf die folter!

man kann alles sehr gut durch das große schaufenster beobachten – wenn man einen platz am fenster bekommt! am besten, man wendet sich an einen vermittler.

vermittler?

ja, der weist dir einen platz zu, nachdem du ihm einen geldschein in die hand gedrückt hast.

aha!

also: die kunden, die sich einen platz im lokal erobert haben, werden auf ein brett geschnallt, ähnlich einer tragbahre. die farbtöpfe sind so am boden aufgestellt, dass der kopf des kunden, wenn das brett geneigt wird, genau in den topf trifft.
man geht in das geschäft hinein, sucht sich die passende haarfarbe aus und unterzieht sich der ganzen prozedur. in kürze ist dein haar in der gewünschten farbe gefärbt und man erspart sich das mühsame einpinseln und warten.

also ich bekäme schwierigkeiten mit dem kreislauf, wenn ich mit so einem brett zum farbtopf gekippt würde.

ja, das war auch wirklich ein problem am anfang. aber das geschäft geht jetzt so gut,

dass es sich der erfolgreiche unternehmer
leisten konnte, einen arzt anzustellen, der
ständig blutdruck und puls der zwanzig
angeschnallten kunden kontrolliert.

zwanzig?

ja! und immer ist der laden voll, du musst
sicher warten, wenn du hinkommst.

....

schau, das dort drüben muss eine der
versuchsplantaschen mit verkehrt
gepflanzten bäumen sein!

verkehrt gepflanzte bäume?
wem fällt denn so was ein?

ja, es gibt die seltsamsten ideen.
diese stammt aus der zeit,
als das verkehrsaufkommen stark
zugenommen hatte und viele
unfälle passierten. jemand aus dem
sicherheitsamt für verkehr hatte dann
die idee, die bäume verkehrt herum
zu pflanzen, damit wenigstens die
unfälle vermieden wären, bei denen
autos an bäume fahren.

aber man hätte doch die bäume an
straßen einfach weglassen können!

86

das wollte man dann doch nicht,
wegen des sauerstoffs und wegen
des schönen landschaftsbildes, das
so ein baum ergänzt.

aber jetzt, wo immer weniger autos
wegen des mangelnden treibstoffs
fahren, könnte man doch damit
aufhören!

so einfach ist das doch nicht.
inzwischen gibt es betriebe, eine
struktur für die versuche. es würden
menschen ohne arbeit dastehen.
und, was doch ziemlich ins gewicht
fällt, es gibt eine ganze menge leute,
denen das gefällt und auch eine vereinigung
für verkehrt wachsende bäume * wurde
bereits gegründet.

die menschen sind schon eine seltsame
rasse! wie kommt man denn
weiter bei den versuchen mit verkehrt
gepflanzten bäumen? das muss doch riesige
probleme geben! allein das problem, die
erde oben zu behalten, damit sie einem nicht
auf den kopf fällt!

da gibt es verschiedene versuche.
einer davon ist besonders interessant.
er gründete auf der theorie von

ing. bodenbeisser, der behauptet hatte,
dass nicht deshalb alles zu boden fällt,
was uns aus der hand fällt, weil die
anziehungskraft der erde die dinge anzieht,
sondern weil ein druck aus dem weltraum
alle dinge an die erde anpresst*.
ing.bodenbeisser meinte, dass wir, wenn
der druck aus dem weltall wegfallen würde,
ins all geschleudert würden.

merkwürdige ansicht!

ja, aber längere zeit haben sich die
verkehrtbaumpflanzer * damit beschäftigt,
wie man den druck aus dem weltraum
teilweise aufheben könnte, damit die erde
aus den pflanztrögen der verkehrt
gepflanzten bäume uns nicht auf den
kopf gedrückt würde durch den druck
aus dem weltraum und oben bliebe.
aber alle diesbezüglichen versuche und
unernehmungen blieben erfolglos. die ganze
sache ist sozusagen in den kinderschuhen
stecken geblieben und die
versuchsplantaschen können nur mit
subventionen und mit der unterstützung
durch das ams weiter geführt
werden. sozusagen als arbeitsreservat.

na, da hat es wenigstens einen sinn,
wenn diese idee weiter erhalten wird,

so verrückt sie auch ist.

sag das nicht, wenn menschen etwas erreichen wollen, setzen sie ihre ganze fantasie ein, um zum erfolg zu kommen.

aber in dem fall geht doch nichts mehr oder?

ich wäre mir da nicht so sicher. die neueste idee für das projekt kommt aus der versuchsplantasche in o. dort denkt man an geostationäre satelliten, an denen stahl- oder plastiktrossen befestigt sind, die dann die pflanztröge tragen.
so gibt es keine berührung mit dem boden, denn die bäume wachsen zwar verkehrt aus den pflanztrögen heraus, wachsen dann aber in einem bogen dem himmel zu und bilden so keine hindernisse, an die autos prallen können. das ist eine weiterentwicklung der idee, die pflanztröge an luftgefüllte plastikflöße zu hängen und sie damit in der luft zu halten. das problem bei dieser lösung war aber, dass die flöße nicht in einer bestimmten höhe zu stabilisieren waren.

faszinierend! aber die kosten!

alles nur eine frage der prioritäten

noch etwas: wenn man schon die pflanztröge in der luft stabil halten könnte, könnte man doch die bäume normal in die tröge einsetzen und müsste sich nicht mit den verkehrten trögen herumplagen.

hervorragend! du bist ja ein schenie!
das werden wir in die zentrale für die versuchsplantaschen melden.
die werden begeistert sein! das hilft ihnen sicher weiter. du kannst mit deiner idee vielleicht zu einem meilenstein menschlicher forschung beitragen.

aber geh! du übertreibst!!

schau, wir sind gleich da. der kompjuter meldet uns schon die umsteigeposition auf den langsameren gehsteig.

na, geht doch!

ja, ich bin dir sehr dankbar.
vielleicht komme ich doch noch damit klar!
aber jetzt zu meinem freund.
du hast ihn ja auch schon einmal getroffen.
er ist ein bisschen seltsam. sei vorbereitet!

keine angst, mir ist nichts menschliches fremd!

....

so, da sind wir schon.

anläuten.
begrüßungshallo.

kommt herein! aber macht schnell die
tür zu. ferdinand ist heute ziemlich
aufgeweckt. Ich möchte nicht,
dass er mir entwischt!

ferdinand? seltener name für einen hund!

hund? ferdinand ist mein hausmarienkäfer!

hausmarienkäfer?
das ist nicht dein ernst?

doch!

wie bist du denn auf diese idee gekommen?

es war ganz einfach,
er ist mir zugeflogen!

na ja, viele marienkäfer
fliegen herum!

aber das war etwas ganz eigenes.
ferdinand hatte von anfang an
eine gewisse ausstrahlung.

ausstrahlung?

ja, wir haben gleich zusammengepasst.
rosen habe ich auch. da habe ich mir
gedacht:
den behalte ich als haustier.

ja, aber der bleibt doch nicht auf einem platz,
der fliegt doch herum und weg!

dieser nicht, außerdem bin ich vorsichtig,
ferdinand kommt mir nicht so leicht aus!
allerdings muss ich ihn manchmal
an die leine nehmen.

an die leine nehmen? verrückte idee, einen
marienkäfer an die leine zu nehmen!

kann schon sein, aber er ist für mich
unersetzlich. ich brauche kein gift mehr
gegen die läuse auf meinen rosen,
wo ich doch so umweltbewusst bin.
außerdem hat es ferdinand gut bei mir.
ich habe viele grünpflanzen, bringe ihm
oft frisches gras und blätter aus dem garten.
und wie gesagt: an der leine führe
ich ihn auch in den garten aus.
ansonsten ist er eigentlich sehr pflegeleicht!
ganz anders als zum beispiel ein hund.
mit dem muss ich gassi gehen, den tierarzt
aufsuchen usw. das ist viel komplizierter.

bei ferdinand ist es kein problem, wenn ich
ihn allein lasse und meine eigenen wege
gehe.
er ist zufrieden, wenn er läuse fressen kann.
und davon gibt es genug bei mir.
ein kleines problem, im wahrsten sinn des
wortes ist die hügiene.

hügiene bei einem marienkäfer?
was braucht der schon? der putzt sich
doch ohne hilfsmittel selber?

na, so einfach ist es nun auch wieder
nicht. gebadet wird er schon bei mir.
da hab ich lange herumexperimentiert.
regenwasser ist das beste, da fühlt er sich
am wohlsten.

einen marienkäfer in regenwasser baden,
ich pack's nicht!

alles gewohnheitssache! ich nehm ihn
sogar in den urlaub mit! in einem kleinen
terrarium geht das ganz gut. und die leine
hab ich sowieso für die ausflüge am
urlaubsort. aber ich muss sehr gut auf
ihn aufpassen. es kann schon vorkommen,
dass das terrarium außen vollgespickt mit
marienkäfern ist, die auf ferdinand fliegen.
ja, schau nicht so entgeistert. ferdinand
hat es zwar sehr gut bei mir, aber er braucht

doch auch gesellschaft seinesgleichen!

daran hab ich nicht gedacht!

ja, man kommt mit der zeit auf vieles drauf.
ich bin da sowieso schon längere zeit am
überlegen, ob ich mir das antun soll:
partnerschaft, marienkäferkinder, ... das
multipliziert meine anstrengungen und
vorsichtsmaßnahmen. ich verstehe das
ja alles; will nur das beste für ferdinand,
aber ich möchte ihn nicht verlieren,
daran will ich gar nicht denken!

na, deine probleme möchte ich
nicht haben!

....

sag, wo hast du denn dein rechtes
ohrläppchen verloren?

ah das, das ist schon lange her. das ist eine
verletzung aus der zeit, bevor das
wohnungsachtungsgesetz* von der
ratskammer beschlossen worden ist.

wohnungsachtungsgesetz?

ja! dieses gesetz besagt, dass ein bürger,
der eine wohnung besitzt, bzw. in dieser

wohnt, nicht aus dieser vertrieben werden darf.

das ist bei euch hier früher vorgekommen?

ja! besonders in den sehr großen häusern. davon werden regelrechte schlachten bzw. heldentaten, wie man es nimmt, berichtet. ihr habt beim hereinkommen in die stadt, bevor man auf den langsamen gehsteig umsteigt, sicher dieses rußgeschwärzte, leerstehende riesige haus gesehen. man hat es als mahnmal stehen gelassen!

mahnmal, wofür?

mahnmal für jene gesetzlose zeit unmittelbar nach dem dritten großen krieg. ich wohnte damals in diesem haus, zusammen mit meinen eltern und geschwistern, deren ehepartnern und kindern auf relativ engem raum. es war sehr schwierig für uns. wir konnten uns kaum bewegen. alle gleichzeitig das haus zu verlassen, getrauten wir uns nicht, denn die angriffe hatten bereits begonnen.

angriffe?

ja, wir hatten davon gehört, dass einzelne bewohner des riesenhauses zur gewinnung

von wohnraum wände zu anderen
wohnungen durchbrochen hatten, um diese
in besitz zu nehmen.

unerhört!

wie gesagt, es war eine gesetzlose zeit.
wir selber wären nicht auf die idee
gekommen.
aber nachdem wir davon gehört hatten,
sprang der funke auch auf uns über. wir
hielten einen familienrat ab, um zu klären,
ob wir auch bereit wären, um zusätzlichen
wohnraum zu kämpfen. notwendig gebraucht
hätten wir ihn.
es war keine einfache diskussion, denn
an sich sind wir friedliche menschen. wir
redeten drei tage darüber, dann entschlossen
wir uns, die sache in angriff zu nehmen
und begannen unsere vorbereitungen.
da wir bisher nicht daran gedacht hatten,
eroberungszüge durchzuführen,
mussten wir erst aufrüsten.

aufrüsten?

wir benötigten waffen, handgranaten,
stemmeisen, schallgedämpfte bohrhämmer,
baumaterial, baugeräte, baustahlgitter,
ultraschallgeräte, um die wohnungen
abzuhören und den richtigen zeitpunkt zum
durchbrechen festlegen zu können, möglichst

dann, wenn in der zu erobernden wohnung
niemand anwesend sein würde.
die sachen mussten in der nacht und in
kleinen teilen, bzw. portionen herbeigeschafft
werden, um kein aufsehen zu erregen.
einmal allerdings wären wir beinahe mit der
beschaffungsgruppe aus der wohnung unter
uns zusammengestoßen, als wir um drei uhr
früh ziegel in einkaufstaschen nach oben in
unsere wohnung schleppten.
die agitation schien also allgemein voll im
gange zu sein und wir erhöhten unsere
wachsamkeit, denn selbst unsere für uns zu
kleine wohnung war von unseren nachbarn
begehrt. hätten wir alle gleichzeitig die
wohnung verlassen, wäre sie sofort gekapert
gewesen und wir wären auf der straße
gestanden.

das ist ja unglaublich!
der übertrifft ja noch dich mit seinen
geschichten.

da hast du wirklich recht,
das ist ungeheuerlich und spannend!
aber unterbrich ihn nicht, damit wir erfahren
wie ihm sein rechtes ohrläppchen abhanden
gekommen ist.

also gut! wir sind in warteposition.
tagelang, eine woche lang, eineinhalb

wochen lang. dann landen wir unseren ersten
ku: es war ziemlich einfach, so einfach,
dass wir überheblich wurden und aus diesem
grund später auch rückschläge erlitten.

mach´s nicht so spannend!
erzähl weiter!

unterbrecht mich nicht! also: der ultraschall
meldet: keine bewegung in der
nachbarwohnung!
alles geht sehr schnell: mit dem
schallgedämpften bohrhammer wird die
wand durchbrochen.
während drei von uns zur eingangstür der
nachbarwohnung rennen, an der innenseite
eine mit eisen verstärkte mauer aufziehen,
setzt der zweite trupp in den durchbruch ein
überlager und einen türstock ein. in nicht
einmal
einer stunde hatten wir vier räume zu
unserer wohnung dazu gewonnen. dabei
hatten wir glück:
unsere nachbarn mussten geahnt haben,
dass wir durchbrechen wollen und hatten
auf ihrer seite handgranaten an der wand
plaziert, die, wenn wir an dieser stelle
durchgebrochen wären, unser leben
gefährdet oder uns schwerste verletzungen
zugefügt hätten.

also das ist ja wirklich ein wahnsinn!
und die nachbarn, als sie zurück kamen,
was haben die gemacht?

sie konnten nichts machen, als sie ihre
wohnungstür aufsperrten, standen sie vor
einer mauer. innen wir mit
maschinenpistolen,
um unser neu gewonnenes territorium zu
verteidigen, da war nichts zu machen.

ist das nicht ziemlich brutal und
rücksichtslos?

von heute aus schon, damals war es normal.
wie ich später erfahren habe, konnten sich
die nachbarn schadlos halten, weil sie durch
ein kellerfenster in eine damals gerade
leerstehenden wohnung im erdgeschoß
eindringen konnten.

aber ihre möbel und sonstiges eigentum!

da haben wir damals alle keinen
besonderen wert drauf gelegt. jeder war
mit dem zufrieden, was er in der anderen
wohnung vorfand. alle besaßen bloß eine
gewisse grundausstattung,
ohne besonderen luxus.
wichtig war doch, dass man räume zur
verfügung hatte und sich bewegen konnte.

später, als wir das ganze stockwerk erobert
hatten, konnten wir den gang sogar für
spaziergänge und zum laufen benützen. aus
dem haus gingen wir dann nicht mehr. das
heißt nur jene, die die nahrungsmittel zu
besorgen hatten.
eine gefährliche aufgabe, da man gefangen
genommen werden konnte, um gegen
räumlichkeiten ausgetauscht zu werden.
bei so einem versorgungsgang habe ich dann
auch mein rechtes ohrläppchen verloren.

wie das?

ich hatte den posten im erdgeschoß
übersehen, der dann jene familie alarmierte,
deren wohnung wir als erste gekapert
hatten. ich war zwar schnell genug, aber
das messer, das mir einer von ihnen
nachgeworden hat, kostete mich das
ohrläppchen.

na bumm! und das ging so hin und her?
einmal ihr in eine andere wohnung, einmal
die anderen in eure?

ja, die ersten zehn jahre nach dem dritten
krieg waren sehr abenteuerlich. aber wir
haben uns gut gehalten.
schließlich war meine familie die
zahlenmäßig größte gruppe in dem

hausstaat*. einmal konnten wir sogar
in eine wohnung unter uns durchbrechen,
obwohl die decke zu durchbrechen ein
ziemlicher gewaltakt war.
diese wohnung konnten wir aber nicht
lange halten. wir hatten die mauer an der
eingangstür dieser unteren wohnung nicht
stark genug ausgeführt und mussten dem
druck der bewohner weichen, nachdem sie
sich mit einer zweiten gruppe verbündet
hatten. wir zogen uns in unser stockwerk
zurück und verbarrikadierten den zugang
nach unten, sodass wir gegen angriffe
von unten gefeit waren. wir waren aber
insgesamt so stark, dass wir den anderen
gruppen im haus sogar verhandlungen
über eine gewisse verwaltungsstruktur des
hausstaates anbieten konnten.

und, was ist daraus geworden?

nichts mehr, denn dann normalisierte
sich die lage und es kam das
wohnungsachtungsgesetz.

und wieso sieht das riesenhaus so verbrannt
aus?

das ist eine blöde geschichte. als nämlich das
wohnungsachtungsgesetz in kraft getreten
war, wurden wir aufgefordert, das haus
aufzugeben.

aber wir weigerten uns angesichts der opfer, die wir gebracht hatten. dann wurde es schwierig für uns, weil wir gegen das gesetz standen.
zuerst kam eine polizeieinheit, bestehend aus zehn mann mit zwei autos. das war eine leichte aufgabe: die autos schossen wir in brand und die zehn mann flüchteten unter unserem feuer in den angrenzenden wald.

was? ihr habt gegen die polizei gekämpft?

wir kamen aus einer gesetzlosen zeit, da stellt man sich nicht so schnell um. wir glaubten, im recht zu sein.

und? weiter?

die zweite welle war schon schwieriger. hundert polizisten wurden mit drei bussen in respektvolle entfernung heran gebracht. man hatte inzwischen unsere feuerkraft als hoch eingeschätzt. dieses kapitel würde ich lieber übergehen, es war eine schlacht mit einem traurigen ergebnis. am ende war der ganze ostflügel des riesenhauses in die luft gesprengt und es gab tote und verwundete auf beiden seiten. trotzdem hatten wir noch den hauptteil des gebäudes in unserem besitz. aber nur drei tage. dann rückten drei kompanien des heeres und eine

spezialeinheit mit hubschraubern an.
innerhalb einer stunde war alles vorbei.
von allen seiten fielen die soldaten wie die
zwetschken im herbst von unserem dach,
begleitet von dumpfen geschoßeinschlägen.
wir gingen mit erhobenen händen aus
dem haus und wurden sofort getrennt und
in haft genommen. einige von uns, die
fünfundzwanzig jahre bekommen haben,
sind immer noch nicht frei.

so was kann man sich heute überhaupt nicht
mehr vorstellen!

nein! deine erzählung hat mich ordentlich
mitgenommen, könnten wir nicht etwas
essen gehen?
....

im lokal, aus dem fenster schauend:

was ist denn das?

diese lange reihe, mit talar* und rochett*
bekleidet?

ja, was machen die da?

gibt´s das bei euch nicht?
das sind die brüder des neuen weges*.
eine sehr strenge glaubensrichtung
zusammengesetzt aus christentum,

islam und judentum. die gruppe hat einen starken zulauf. immer wieder sieht man in unserer stadt solche gruppen betend und singend herumziehen. vor allem sehr viele junge leute strömen in die gruppe. sie sind beeindruckt von der überzeugung und vor allem von dem, was diese leute tun. sie helfen selbstlos jedem, der in not ist. aber ich möchte nicht dabei sein, denn sie sind sehr streng und bestrafen vergehen gegen ihre gesetze mit schlägen oder ausschluss aus der gemeinschaft.

und trotzdem sind so viele bei ihnen?

ja, sie strahlen etwas aus, das der heutigen zeit scheinbar verloren gegangen ist. sie sind außerdem sehr kreativ. kürzlich hatten sie im stadion unserer stadt eine veranstaltung mit 30.000 teilnehmern, die unendlich lange dauerte.
mit kerzen in den händen lauschten sie der botschaft des großen ratgebers, sahen bei den heilungen zu, die geschahen, sangen und beteten und aßen anschließend den kerzenstummel auf.

sie haben die kerzen aufgegessen?

ja die kerzen waren gerade so lang, dass noch genug für das abendessen übrig

geblieben war.
man konnte, wie ich gehört habe,
am eingang des stadions kerzen mit
verschiedenen geschmacksrichtungen
kaufen. aus gründen der einfacheren
organisation gab es drei sorten von kerzen:
welche mit gulaschgeschmack oder
koscherem huhn oder gemüseauflauf.

sensationell! und das haben die brüder des
neuen weges erfunden?

ja, wie gesagt, sie sind sehr kreativ. viele
künstler und entwicklungsfachleute haben
sich ihnen angeschlossen und man kann
gespannt sein, was ihnen noch einfällt. eines
ist sicher, es werden täglich mehr, die sich
der gemeinschaft anschließen.
wenngleich sie mir eigenartig vorkommen,
sind sie andererseits eine bereicherung
unserer stadt.

kann es da nicht dazu kommen, dass
die, die sich nicht anschließen, nur mehr
wenige sind und dann gezwungen werden,
mitzumachen?

ich hoffe nicht, denn dann müsste ich in
eine andere stadt ziehen und das würde ich
nicht gerne tun, denn dann müsste ich mich
wahrscheinlich in manchen dingen umstellen.

das würde mir sicher schwer fallen.
ich bin es zum beispiel gewohnt, stehend zu
schlafen.

stehend? wieso das denn?

wisst ihr nicht, dass die meisten leute im
bett sterben?
also lege ich mich nicht ins bett, um nicht zu
sterben.

das muss aber fürchterlich anstrengend sein!

am anfang schon, aber man gewöhnt sich
daran.
jetzt fühle ich mich schon sehr wohl und
genieße es, am leben geblieben zu sein. die
lebenserwartung in unserer stadt ist sehr
gering. ich bin einer der ältesten!

gratuliere! trotzdem möchte ich nicht im
stehen schlafen, da lobe ich mir schon
unsere stadt, in die wir jetzt zurückkehren
werden.

....

einige tage später:

na, wie hast du unseren ausflug verdaut.

ganz gut, aber die geschichten waren
eine wucht!

das stimmt! übrigens denke ich noch öfter
an die gemeinschaft des neuen weges. das
wäre nichts für mich!

für mich auch nicht, ich würde mir komisch
vorkommen, dauernd in so einem aufzug
durch die stadt zu pilgern.

wahrscheinlich macht es dir immer weniger
aus,
weil ja immer mehr leute auf deiner seite
sind.

auch wieder wahr!

aber es gibt ja überall eigenartige
vorkommnisse. stell dir vor: kürzlich
komme ich an unserer kathedrale vorbei
und traue meinen ohren nicht: von drinnen
ist maschinengewehrfeuer zu hören. auch
einzelne schüsse fallen. ich bleib stehen,
konzentriere mich, kann es nicht glauben:
krieg in der kathedrale? .....

was? wirklich? davon habe ich noch nichts
erfahren!

ja, die einflussreichen leute in dieser sache
sitzen an den wichtigsten posten unserer

stadt und können die berichterstattung steuern. die frage ist nur, wie lange noch. aber ich kann dir einen authentischen bericht geben. ich war dort. zum glück hatte ich meinen presseausweis eingesteckt und wurde daher von den außenposten am haupttor durchgelassen, allerdings nicht ohne eine gewaltige belehrung über die gefahren.

was? du warst drinnen? hast du keine angst gehabt? also ich hätte da die hose gestrichen voll.

mir war auch ganz mulmig zumute und ich bewegte mich vorsichtig von säule zu säule, um einen überblick zu bekommen.
zum zeitpunkt meines eintreffens wurde gerade um das linke vordere seitenschiff gekämpft.
sandsäcke waren bis auf brusthöhe aufgestapelt.
aus meinem blickwinkel konnte ich sehen, dass aus dem mittelschiff gerade mit granatwerfern ein angriff gestartet wurde. hinter den sandsäcken wurden durch die granateinschläge staub und mauertrümmer aufgewirbelt. aber sofort erwiderte die gruppe hinter den sandsäcken das feuer und die leute aus dem mittelschiff ergriffen die flucht in richtung haupttor.
dort konnte ich einige von ihnen befragen

und erfuhr, dass es sich bei ihren gegnern
hinter den sandsäcken um eine katholische
splittergruppe namens „leuchtendes
wort"* handle, die radikale reformen
in der nach ihrer ansicht verkalkten und
überholten hauptrichtung des christentums
verlangte. die männer, die den alten weg
vertraten, waren sich sicher, dem spuk, wie
sie es nannten, bald eine ende bereiten zu
können. dann entfernten sie sich in richtung
einer kleinen seitenkapelle in der nähe des
haupttores, um etwas zu essen, nicht aber
ohne einen wachtposten zurückzulassen,
der, kaum hatten die männer das hauptschiff
verlassen, schon alarm schlug, denn die
splittergruppe machte einen ausfall mit
gewaltigem getöse. ich bezog deckung
hinter einer säule und bemerkte zu meiner
überraschung, dass bei den angreifern
zahlreiche frauen in vorderster linie aus dem
seitenschiff liefen. die in der deckung
zurückgebliebenen feuerten wie wild in
richtung haupteingang, um die männer, die
sich dort stärken wollten, in der kapelle
festzuhalten. erstaunt
stellte ich fest, dass sich die reihe der
sandsäcke quer zum hauptschiff bewegte.
die aufständischen mussten
die sandsäcke auf wagen oder rollen
aufgebaut haben, sodass sie sie mit geringer
mühe von der stelle bewegen konnten. in

wenigen augenblicken hatte sich also das
blatt gewendet und die revoluzzer konnten
nun mit ihren waffen das ganze hauptschiff
bis nach hinten zum haupteingang
bestreichen. wobei zu bemerken ist, dass
die verteidiger der alten lehre nun gar nicht
mehr aus der kapelle herauskonnten, ohne
sich dem tödlichen feuer
der aufständischen auszusetzen.

erstaunlich, dass so etwas möglich ist und
eine so kleine gruppe einen so mächtigen
haufen so erfolgreich angreifen kann!

ich denke mir, dass sich die verteidiger
der alten lehre ihrer sache zu sicher waren
und die aufständischen nicht ernst genug
genommen haben. diese hatten mit
aller entschiedenheit ihr ziel angestrebt:
die eroberung der kathedrale, um einen
stützpunkt für ihre weitere
agitation zu haben. erst einmal in der
kathedrale festgesetzt, würde ihre position in
dem streit ein besonderes gewicht erhalten
und eine festigung erfahren, bzw. würde der
zulauf zur gruppe nach dem erfolgreichen
handstreich anwachsen.

aber wären das gute leute, die erst kommen,
wenn sie sehen, dass etwas erfolgreich ist?

das tut zunächst nichts zur sache. es gibt tausende gründe, warum sich die einen bei einer auseinandersetzung in die vorderste front werfen, während die anderen sich im hintergrund halten.

es zählt die masse, die man begeistern kann, zu welchem zeitpunkt auch immer. die frage ist nur, ob das programm der neuen gruppe so gut ist, dass die zulaufenden bei der stange gehalten werden können. ich selber habe mich mit der sache nicht wirklich angefreundet. ich habe das alles immer nur aus der ferne verfolgt, aber ich achte natürlich die entscheidungen, die menschen treffen, noch dazu, wo ich nicht unmittelbar davon betroffen bin.

und? wie ist der kampf in der kathedrale ausgegangen?

das weiß ich nicht genau. das letzte, was ich gehört habe, war, dass die alten nicht zugeben wollten, dass die neuen sie überrascht hatten und den sieg errungen hätten. nach meinen neuesten informationen ist in der kathedrale ein patt-situation gegeben. verhandlungen werden von beiden seiten abgelehnt.

man kann gespannt sein, wie die sache ausgeht!

ich hätte nie geglaubt, dass etwas, das sich an sich mit inneren bereichen befasst, eine solch harte äußerliche dimension erreichen könnte.

wer sich mit historie beschäftigt, wundert sich
über nichts! glaub mir!

aber weil der anfang dieser geschichte von den geräuschen ausging, die ich aus der kathedrale hörte, möchte ich dir von meiner neuesten firmengründung berichten.

du hast eine firma gegründet?

ja! du weißt doch, dass ich finanziell unabhängig bin und deshalb die möglichkeit habe, gute ideen zu unterstützen, aber auch gewinn daraus zu ziehen.

also! schieß los! da bin ich sehr neugierig!

oft werden dinge aus einer notlage heraus erfunden. bei dieser meiner neuen firma war das auch so: schau, auf der einen seite die vielen einbrüche heutzutage - auf der anderen seite stehen viel häuser längere zeit leer, weil jemand auf urlaub ist, ein ferienhaus besitzt usw. solch ungeschützte häuser, noch dazu wenn sie an leicht zugänglichen stellen stehen, sodass der dieb schnell wieder verschwinden kann, vielleicht sogar mit einem auto, solche häuser sind einbruchsgefährdet.

verstehe!

da hakt nun meine neue firma ein. wie du weißt, haben viele der von mir genannten häuser ein automatisches licht, das sich einschaltet, wenn jemand zu nahe an das gebäude heran kommt.

ja, so was habe ich selber auch.

aber wenn nun so ein dieb dein haus längere zeit beobachtet, wird er merken, dass sich das licht immer zu denselben zeiten einschaltet.
also wird er trotzdem merken, dass das haus unbewohnt ist. meine neue firma verkauft jetzt, und
deshalb habe ich mich auch an ihr beteiligt, meine
neuen firma verkauft geräusche!

geräusche? wozu das?

in kombination mit dem automatischen licht erscheint das gebäude durch die geräusche, die im haus gemacht werden, bewohnt! der dieb wird sich also hüten einzubrechen, denn die allermeisten diebe wollen nicht mit den bewohnern zusammentreffen.

das leuchtet mir ein. aber welche geräusche könnt ihr denn liefern, sodass sich ein dieb täuschen lässt und meint mein haus sei bewohnt, obwohl ich gar nicht zu hause bin?

na zum beispiel das geräusch des geschirr abwaschens oder das laufen der waschmaschine oder kinderlärm oder einen streit oder eine fernsehsendung, die aber natürlich mit dem aktuellen programm zusammenpassen muss. dazu gehört eine serie von lichteffekten, zum beispiel so, als ob im haus jemand von einem zimmer ins andere gehen würde und dabei das licht in einem zimmer ausschalten würde und im anderen ein. wir haben auch musikübungen auf lager, in denen fehler vorkommen. so, als ob jemand im haus klavier oder geige üben würde. ein hundegebell haben wir auch. das würden wir aber nur leuten empfehlen, die auch wirklich einen hund besitzen. denn so ein dieb ist klug!

das klingt ja wirklich interessant. habt ihr erfahrung, ob das auch wirklich etwas nützt?

haben wir! leider wurde bei zwei von fünfzig

kunden eingebrochen. selbst das ist uns
noch zuviel, deshalb haben wir diesen zwei
kunden jetzt unsere neueste erfindung
eingebaut.
bei jeder annäherung an das leerstehende
haus beginnt ein maschinengewehr wie wild
zu schießen.

ein maschinengewehr? ist das nicht ein
bisschen überzogen?

es sind natürlich nur geräusche, kein
wirkliches maschinengewehr.

na gott sei dank! ich dachte schon
das ärgste über dich und dass du dich
auf so was einlässt. aber jetzt bin ich
beruhigt!

an der verbesserung des maschinengewehr-
effektes arbeiten wir noch. zum beispiel
könnte man die wirkung dieser abschreckung
noch erhöhen, wenn gleichzeitig kleine
mauerstücke durch die gegend flögen.
so, als ob wirklich geschossen würde.

ihr seid´s fantasten!

ja, aber das macht wirklich spaß. ich werde
dich einmal zu einer sitzung mitnehmen,
damit du siehst wie großartig in dieser firma
gearbeitet wird.

da bin ich gerne dabei. sowas interessiert mich immer.

übrigens habe wir jetzt, nachdem mein freund hans verstorben ist, eine neue abteilung in unserer firma eröffnet.

oh, hans ist verstorben?

ja! vor drei monaten.

aber was hat das mit deiner geräuschefirma zu tun?

sehr viel! denn die frau von hans hat in einem gespräch mit mir darüber geklagt, dass es jetzt bei ihr im haus so still sei. da hat es bei mir sofort geklingelt! geräusche!

geräusche?

ja, geräusche! und zwar solche, die in einer langjährigen partnerschaft vorkommen. schnarchen zum beispiel! oder pfeifen und singen oder zurufe bei schwerhörigkeit. aber ich kann da noch nicht zuviel verraten, denn das ganze befindet sich erst im entwicklungsstadium. die neu gegründete abteilung arbeitet mit hochdruck daran.

das stelle ich mir aber sehr schwer vor! woher willst du geräusche eines

verstorbenen nehmen, wenn seine witwe zu
dir kommt und dich um hilfe bittet?

das ist noch das einfachste: vorsorge!
wir arbeiten in diesem fall an einer
vorsorgenden werbestrategie: wir
ermuntern die menschen, die wir für die
sache gewinnen können, gegenseitig eine
geräuschebank anzulegen, so wie man vor
operationen eine blutbank anlegt oder eine
pensionsvorsorge trifft.

ich finde das ein bisschen makaber!

betrachte das ein bisschen lockerer: wenn es
jemandem hilft, seine traurigkeit oder
einsamkeit zu überwinden, dann hat die
sache doch einen sinn oder?

....

soll ich dir zur abwechslung eine etwas
weniger makabre geschichte erzählen?

ja, das würde mir gut tun! hast du eine auf
lager?

natürlich! hör zu! ein seitenzweig der
geräuschefirma, ein hobby sozusagen, ist
unser maulwurfverleih.

maulwurfverleih?

du hast richtig gehört! wir haben einen
maulwurfverleih.

aber wer leiht sich schon einen maulwurf
aus?

doch, doch, es gibt heutzutage eine menge
leute, die wieder ganz auf natur schwören
und die bis jetzt einen jener sterilen
gärten hatten, in denen löwenzahn und
gänseblümchen unter todesstrafe verfolgt
wurden. maulwürfe durften dort höchstens
über den gartenzaun schauen, wenn sich
nebenan ein naturgarten befand.
und wehe, sie wagten es zu graben, dann
wurden sie mit feuer und schwert verfolgt.
aber das hat sich ja jetzt geändert seit
natur wieder in ist. und da sich unter den
mitarbeitern in meiner neuen firma ein mann
befindet, der einen riesigen naturgarten
besitzt und maulwürfe als gartenmitarbeiter
schätzt, haben wir einen neuen firmenzweig
aufgemacht, der hervorragend floriert. also
wenn du einen maulwurf für deinen garten
brauchst, dann melde dich. ich werde dir
einen vorzugspreis geben.

na, ich weiß nicht! aber sag, wo hast du bloß
immer die ideen her?

118

ich kann nichts dafür, ich brauch nur dies
oder jenes zu sehen oder zu hören und
schon fällt mir wieder etwas neues ein.
in meiner firma überlegen wir zum beispiel
auch eine spritzpistolenfabrikation in angriff
zu nehmen.

spritzpistolen? wozu denn das?

natürlich nicht als kinderspielzeug, sondern
als abschreckung für einbrecher. wie
du weißt bin ich ja pazifist und gegen
waffengebrauch, aber vielleicht hilft es
dem einen oder anderen, wenn bei ihm
eingebrochen wird. es haben ja auch schon
bankräuber nur eine spritzpistole gehabt
und waren sehr erfolgreich. wieso soll es im
umgekehrten fall nicht klappen. die modelle
sollen übrigens echten pistolen täuschend
ähnlich schauen.

na ob das was nützen wird?

sag, warst du nicht kürzlich verreist. du
hattest doch einen verwandten
im bergtal bei n.

ja, meinen großneffen väterlicherseits.
aber leider hatte die reise einen traurigen
anlass.

aber geh! wieso?

die frau meines großneffen war an einer schweren krankheit gestorben.

oje! mein beileid!

danke! wenn der anlass auch traurig ist, so freut man sich doch, die verwandtschaft wieder zu sehen, noch dazu, wenn sie, wie in meinem fall, so weit entfernt wohnt und man sich nur bei beerdigungen trifft. da gibt es dann viel zu erzählen.

also, wie war´s? was hast du alles erlebt?

es war sehr ereignisreich, einerseits verwirrend, andererseits auch faszinierend und jedenfalls seltsam.

wieso seltsam?

von den bräuchen her und auch von der ganzen lebensart.

interessant! zum beispiel?

das erste: es waren mehrere tote zu beerdigen, denn in dem tal, das lange vom winter beherrscht wird, hebt man die toten bis zum frühjahr auf, weil man im winter wegen des tief gefrorenen bodens kein

grab ausschaufeln kann und außerdem ist
das sehr klug, denn im winter, noch dazu
vielleicht bei sturm und schneefall und
großer kälte holt man sich bei so
einem begräbnis doch glatt den tod.

auch wieder wahr! trotzdem: seltsam!

sicher, aber es ist ein großes fest, das sehr
feierlich gestaltet und von chören und der
musikkapelle begleitet wird. natürlich sind
auch jede menge leute da, weil von jedem
toten die ganze verwandschaft anreist.
dieses mal waren es drei verstorbene.
da außer den angehörigen auch die gesamte
dorfbevölkerung zum begräbnis kommt,
waren sicher vierhundert menschen auf dem
kleinen friedhof und außerhalb, wo man eine
tribüne aufgestellt hatte, um allen besuchern
einen guten blick auf das geschehen zu
ermöglichen.
die wirtshäuser waren nachher bummvoll.

ein wahnsinn! kennst du viele leute dort?

schon, man kommt gar nicht dazu, mit allen
zu reden. manche grüßt man nur, manche
erkennt man erst auf den zweiten blick, weil
sie sich seit dem letzten begräbnis stark
verändert haben usw. aber hör zu: lass dir
von einem merkwürdigen brauch erzählen,

der dort üblich ist, nämlich von dem brauch
des kranzwerfens*, der mit einem örtlichen
aberglauben verbunden ist.

kranzwerfen? was macht man da?

du kennst doch das werfen des
brautstraußes, das bei uns hier bei
hochzeiten praktiziert wird, wo jene junge
dame, die den brautstrauß fängt,
als nächste heiraten wird.

kenn ich! aber wir reden doch von einem
begräbnis!

ja, aber dort in diesem tal bei n. wirft man
am
ende der beerdigungszeremonie einen
kleinen kranz, in dem fall also drei
kleine kränze, weil es sich doch um drei
begräbnisse handelte, über die schulter
einer reihe von über achtzigjährigen zu. diese
bemühen sich mit aller anstrengung einen
der drei kränze aufzufangen, denn nach der
dortigen auffassung bringt das glück und ein
langes leben, während jene, die bei diesem
brauch leer ausgehen mit krankheit und
frühem tod zu rechnen haben.

oweh, ist das wirklich wahr?

ja, dieser brauch wurde von dem bekannten volkskundefachmann dr. franz rindnacker* nach allen regeln der statistik untersucht und der aberglaube und seine folgen wurden bestätigt.

bevor du mir diese geschichte erzählt hattest, hätte ich nicht geglaubt, das es so etwas geben könnte.

das ist noch nicht alles, was ich dir berichten kann. zum beispiel beherrschen in diesem abgelegen tal etliche menschen die kunst der levitation.

levitation? was ist denn das wieder?

das ist die fähigkeit über dem boden zu schweben. es gibt im tal von n. mehrere familien, in denen diese fähigkeit schon seit generationen weiter vererbt wird.

du willst mich pflanzen. das gibt es doch nicht!

doch, mir wurde von einigen bekannten dort versichert, dass sie es mit eigenen augen gesehen hätten, wie mitbürger von ihnen über dem boden schwebten.

wieso haben wir davon nichts über das fernsehen oder das radio erfahren.

weisst du, diese leute gehen sehr
sensibel, ja ehrfürchtig und behutsam mit
dieser ihrer fähigkeit um. fast mit ein
bisschen scheu. man sieht das fänomen
eher selten in der öffentlichkeit. sie wollen
eigentlich ihre ruhe haben.

na ja, das verstehe ich sogar!

übrigens weißt du, welchen patron sie hier
für ihre kirche und ihr dorf haben? sein
konterfei findest du auf dem hochaltarbild in
der dorfkirche.

keine ahnung!

den heiligen josef von cupertino!

wer ist denn das?

ein heiliger katholischer mönch der
auch durch die luft schweben konnte,
sagen augenzeugen seiner zeit.

wann war denn das?

im 17. jahrhundert in italien. der mann
wurde in dem dorf cupertino in apulien
1603 geboren und starb mit 60 jahren
in einem kloster. nachdem er in seiner
gemeinde mit seinem schweben und

seiner wundertätigkeit großes aufsehen erregt hatte und vor ein kirchliches gericht kam, versteckte man ihn in einem kloster, um ihn von der öffentlichkeit fern zu halten.

das hochaltarbild möchte ich gern sehen!

ich habe es fotografiert und werde es dir demnächst zeigen.

....

was hast du dort noch erlebt?

das meiste weiß ich nur aus erzählungen, denn um alles zu erleben, hätte ich länger dort bleiben müssen und das wollte ich nicht. aber zum beispiel habe ich erfahren, dass es dort vorausgeher* gibt.

vorausgeher? was machen die?

sie gehen voraus!

ha,ha,ha!

da das tal bei n. oft sehr lange zeit im nebel liegt, und zwar so dicht, dass man die hand nicht vor den augen sieht, man aber trotzdem seinen geschäften nachgehen muss, gibt es vorausgeher, die gegen eine

geringe bezahlung vor deinem auto
hergehen, um zu verhindern, dass es zu
unfällen kommt.

ja, aber da kommt man doch nicht weiter
und es gibt doch nebelscheinwerfer!

die nützen nichts, weil der dicke nebel
so dick ist, dass er jedes licht zurück strahlt
und man dann überhaupt nichts sieht. die
leute dort sagen sich: besser langsam
weiter kommen, als einen verdienstentgang
zu riskieren. sie sind zufrieden damit. sie
haben sich mit dem nebel abgefunden und
können trotzdem das leben im tal aufrecht
erhalten. es muss ja auch zugeliefert werden.
die versorgung der bevölkerung kann durch
die vorausgeher sicher gestellt werden.

nicht zu glauben!

die haben auch eine besonderheit bezüglich
straßenverkehr: ihre kreuzungen sind sehr
breit ausgeführt und zwar deswegen, damit
jeder einen ersten platz an der kreuzung hat.
erst nach etwa hundert metern reiht sich
wieder alles in den normalen hintereinander
verkehr ein. aber an der kreuzung wollen
alle vorne stehen. deshalb gibt es auf den
straßen vor kreuzungen oft wilde überhol-
manöver nur deshalb, weil jeder einen der

ersten plätze erreichen will. dabei gibt es
sowieso zehn oder zwölf spuren an jeder
kreuzung.

ich glaub, ich hör auf, mich zu wundern!

....

das glaub ich dir, mir erging es am anfang
nicht anders. noch ganz was anderes:
stell dir vor, die hatten irgend wann einmal
auch die macondo-krankheit.

was ist denn das wieder?

das ist eine art von schlaflosigkeit, begleitet
von vergesslichkeit. man vergisst alles.
wie die dinge heißen, welche gefühle dich
bewegen!

davon hab ich noch nie gehört! wieso heißt
diese krankheit macondo-krankheit?

weil sie in dem dorf macondo vorkommt,
das gabriel garcia marquez in seinem buch
„hundert jahre einsamkeit"* beschreibt.

aha! und die haben alles vergessen?

ja! schließlich hingen überall zettel mit
den namen der dinge herum und mit

beschreibungen, wie sie zu verwenden
wären.

und wie sind sie wieder gesund geworden,
denn jetzt gibt es diese krankheit in dem
tal bei n. doch nicht mehr oder?

nein! die krankheit verschwand ebenso
geheimnisvoll, wie sie gekommen war.
das fänomen wurde oft studiert,
zusammenhänge geprüft, nichts gefunden.
am ehesten kam wohl noch prof. lambert
sonthofen* der sache nahe. er vermutete,
dass die geburt jenes kindes, das ohne
zuhilfenahme eines merkzettels gezeugt
worden war, die wende zur gesundung
bedeutet haben musste. obwohl die
eigentliche wende doch wohl schon mit der
weglassung des merkzettels über den
zeugungsvorgang der anfang gewesen
sein musste. aber lassen wir das, jetzt sind
jedenfalls alle wieder gesund und brauchen
keinen zettel mehr um die alltäglichsten
dinge zu verstehen.

na gott sei dank!

....

aber das sind noch nicht alle
absonderlichkeiten aus dem tal

bei n. zum beispiel gibt es dort ein
schneeflockenwarnsystem.

ein was?

ein schneeflockenwarnsystem. das ist
von extrem großer wichtigkeit und zwar
aus dem grund, weil dort die schneeflocken
die größe eines mittleren schulheftes haben
und ein gewicht bis zu einem kilogramm.

so eine schneeflocke kann einen ja
erschlagen!

genau! und deshalb gibt es auch das
schneeflockenwarnsystem.
das warnsystem ist mit dem wetterdienst
gekoppelt und zeigt immer auf vier fünf
kilometer im voraus an, dass es zu schneien
beginnen wird. die warnung erfolgt über
radio und fernsehen, sowie über einen rasch
auf und abschwellenden sirenenton, den
man von dem ton unterscheiden kann, der
die feuerwehr alarmiert. früher, als man sich
mit diesem system begnügen musste, kam
es zu einigen schweren unfällen. damals
wurde auch diese merwürdige kopf- und
schulterbedeckung erfunden, die für viele
außenstehende zur tracht des tales dazu
gehört, obwohl sie nur aus not erfunden
wurde. denn wer weit außerhalb der

siedlungen vom schneefall überrascht
wurde, der war sehr gefährdet. heute ist das
ja einfacher, denn bei diesem technischen
fortschritt hat inzwischen jeder talbewohner
einen kleinen sender bei sich, der ihn auf
die gefahr des schneefalls aufmerksam
macht.

ein handy würde doch auch genügen.

nein, denn wenn zum beispiel einer gerade
telefoniert, erreicht ihn die warnung nicht
und es kann oft um minuten gehen.

verstehe!

....

aber das beste habe ich mir für den schluss
aufgehoben:

aha!?

das beste ist das fußballspiel!

wie das !

im tal bei n. gibt es keine ebene fläche
und trotzdem möchten die jungen leute dort
wie überall auf der welt fußballspielen.

auf einem schiefen platz? wie wär´s mit
einem bagger?

zu teuer! die lösung ist einfacher, als man
meinen möchte: sie binden den ball an einer
schnur an, damit er nicht dauernd die
150 meter über den rand des spielfeldes in
die tiefe fällt.

aber da gibt´s doch sicher verwicklungen!
wie wär´s mit einem hohen gitter?

zu teuer! ball anbinden ist billiger. das
spiel wird von zeit zu zeit unterbrochen,
um alles wieder zu entwirren. wenn der
ball angebunden ist, gibt es nicht so viele
verwicklungen, wie es sie bei er ersten idee
gegeben hätte, bei der man jeden einzelnen
spieler anbinden wollte, damit er im eifer des
spieles nicht über den rand hinunterfällt.

unglaublich verrückt!

ja, aber glaub nur nicht, dass nur die leute
im tal bei n. so verrückt sind. du kennst dich
doch
beim fußballspielen aus.

es geht so!

also das problem, dass die außenspieler,

wenn ein angriff vorgetragen wird, immer weiter nach außen spielen, noch ein haken und noch ein haken und schon ist der ball im out. nicht, dass sie einen haken nach innen machen würden, nein, immer wieder nach außen.

aber das muss doch zu tränieren sein!

geht eben nicht! da haben sich schon viele träner die zähne ausgebissen. aber es gibt jetzt einen interessanten vorschlag der internationalen fußballbehörde: an den vier ecken eines jeden fußballfeldes soll jetzt ein kleines viereck mit sechs mal zwei metern angefügt werden, damit die dribbelkünstler sich entfalten können.

aber das wird nichts nützen, die machen doch auch in zukunft ihre haken immer nach außen, immer nach außen!

wahrscheinlich hast du recht!
jetzt brauch ich eine pause!

ich werde dich ein stück in meinem dienstwagen mitnehmen.

du hast einen dienstwagen?

ja, jetzt, wo privates autofahren nahezu

unmöglich geworden ist, empfinde ich es als
sehr angenehm, dass mein jetziger schef so
entgegenkommend ist.

aber ich sehe kein auto!

doch, da steht es ja!

was, dieser riesige betonmischer ist dein
dienstauto?

ja! auf den straßen ist jetzt sehr viel platz,
da muß ich nicht so aufpassen wie früher.
am anfang ist es mir nicht leicht gefallen mit
diesem riesen zu hause einzuparken. da
habe ich so manchen pkw zu schrott geparkt.
meine nachbarn hatten schon unterschriften
gesammelt, um mir das parken vor meinem
haus zu verbieten. zum glück hat mein schef
eine gute versicherung.
aber jetzt ist es, wie gesagt, viel einfacher.
als ich meine frau, nachdem ich sie kennen
gelernt hatte, zum ersten mal eingeladen
und
daher bei ihr zuhause abgeholt habe, da
hat sie auch sehr gestaunt. das kannst du dir
denken!

also gut, fahren wir!

....

bei dem wenigen verkehr, den es heutzutage
gibt, wäre es sicher kein problem, auch
die selbst fahrenden krankenbetten im
straßenverkehr zuzulassen.

selbst fahrende krankenbetten? ich glaub, ich
hör nicht recht!

doch! gibt es! ich bin kürzlich einem
unterwegs begegnet. einem der ersten, der
sich mit seinem bett auf die straße traute.
er hatte eine untersuchung zu absolvieren,
die in seinem krankenhaus nicht gemacht
werden kann. er hatte vor sich ein pult,
an dem ein stadtplan angeheftet war und am
kopfende war eine stange mit einem
blaulicht
oben drauf montiert. für gefahrensituationen,
damit er sich bemerkbar machen könnte,
wenn es brenzlig würde. er war ganz
gut drauf, bewegte sich im zeitplan und
war zuversichtlich, auch wieder in sein
stammkrankenhaus zurückzufinden.

aber wie kann er, wenn er in einem bett
liegt, den überblick über die situation im
straßenvekehr bewahren?

kein problem! schon bei den früheren,
einfachen krankenbetten konnte man die
lehne mit dem polster hoch stellen. aber die

neuen konstruktionen spielen alle stückeln.
das sind wirkliche technische wunderwerke.
innerhalb der krankenhäuser fahren
schon fast alle patienten selbständig zu den
untersuchungen. das projekt wurde vom
krankenanstaltenforschungsunterstützungs-
verein* auch großzügig gefördert. mit
absicht! dachte man doch daran, dass man
durch die von den patienten selbständig zu
lenkenden betten eine menge arbeitsplätze
und damit kosten einsparen könnte.
und das ist dann auch tatsächlich passiert.
nur einige wenige pfleger wurden behalten
für jene patienten, die sich gar nicht mehr zu
helfen wissen.

ich hätte nicht geglaubt, dass uns die
sparwut im öffentlichen bereich noch einmal
soweit bringen würde.

das ist ja noch lange nicht alles. angeblich
gibt es nur mehr ganz wenig geld um
die grundversorgung der bevölkerung
sicherzustellen. dinge des täglichen
gebrauches von weit her zu bringen, wird
nicht mehr möglich sein. ich habe zum
beispiel von einem freund, der im engeren
kreis um den bürgermeister tätig ist,
über das vorhaben gehört, dass in zukunft
in jedem haus der bundeshauptstadt im
erdgeschoß je nach größe und bewohnerzahl

ein bis sechs kühe gehalten werden müssen.
ich bin schon gespannt, was es für einen
aufstand geben wird, wenn das erst einmal
an die öffentlichkeit dringt.

das denk ich mir! stell dir vor: der mist muss
weg, das futter gebracht werden, wer melkt
die kühe usw.

....

allenthalben trifft man diese
personaleinsparungsmaßnahmen schon
an. stell dir vor, was mit kürzlich passiert
ist. habe ich doch einen anruf im amt für
freiberufliche geschichtenerzähler* zu
tätigen, um eine steuerermäßigung zu
erreichen. denk ich mir, rufst gleich in der
früh an, vor allen anderen, damit
du gleich dran kommst.
also, ich aus dem bett, ran ans telefon,
nummer gewählt. anrufbeantworter: guten
morgen! sie haben richtig gewählt! bleiben
sie dran, sie werden sofort nach freiwerden
einer leitung verbunden, musik!
ich bleib dran. musik! ich putz mir die zähne,
den apparat am ohr. rasieren ist schon
schwieriger, geht aber auch. musik! zum
anziehen klemm ich mir das gerät zwischen
ohr und schulter ein. musik!
gerade als ich in die hose schlüpfen will, eine

stimme: wen möchten sie sprechen?
den herrn regierungsrat x.! der wird in den
nächsten minuten in seinem büro erwartet.
haben sie noch etwas geduld! ich habe
noch geduld. ich halte den hörer zu und bitte
meine frau, mir einen kaffee zu machen.
musik aus dem telefonhörer. der kaffee
kommt, ich trinke den kaffee. ich beginne die
musik im hörer zu hassen. da! eine stimme
im hörer:
leider musste herr regierungsrat x. sofort zu
einer sitzung weg! kann ich sie mit seinem
vertreter verbinden? gut! verbinden sie mich
mit seinem vertreter. fröhliche musik trifft
auf unfröhliches ohr. mein blutdruck steigt.
eine viertelstunde vergeht. im hörer knackt
es. ah! da hat die telefonistin nachgeschaut,
ob dieser verrückte hartnäckige bursche noch
immer am telefon ist.
aber mich werden die nicht so leicht los!
musik! nach einer weiteren viertelstunde:
warten sie auf den vertreter von herrn
regierungsrat x.? ja! kann ich ihn sprechen.
das ist im augenblick
leider nicht möglich, da er gerade telefoniert.
soll ich sie in die warteschleife geben. tun sie
das! nach gut zwanzig minuten: tut mir leid,
der vetreter von herrn regierungsrat x. wurde
zu einem dringenden fall gerufen und wird
nicht vor vierzehn uhr zurück sein. (diesen
dringenden fall kenne ich: mittagessen)

die stimme im telefon: aber es wird mir
gerade angezeigt, dass herr regierunsgsrat
x. das haus betreten hat und in wenigen
minuten in seinem büro sein wird. ich lege
sie dorthin! danke! musik!
grrrrr! nach fünfunddreißig minuten: ah! sie
sind noch immer dran? jaaaaa! herr
regierungsrat x. muss auf seinem weg ins
büro im haus aufgehalten worden sein.
warten sie bitte!
meine frau trägt das mittagessen auf,
schenkt mir suppe ein, ich esse die suppe,
immer den hörer am ohr. ich will diesen
verd... regierungsrat x.
oder irgendjemand anderen, der mir auskunft
geben kann, erreichen und werde den teufel
tun und auflegen, dann bin ich nämlich
wieder weit hinten in der warteschleife.

ich bewundere deine geduld!

das ist reine notwehr, denn wenn ich auflege
und am nächsten tag wieder anrufe, beginnt
das ganze noch einmal von vorne. jetzt, wo
ich schon so viel zeit investiert habe, werde
ich doch nicht auflegen! also: wir essen die
suppe. meine frau bringt die hauptspeise.
wir essen die hauptspeise. ich immer den
hörer am ohr mit dieser aufreizend fröhlichen
musik.
gerade stecke ich einen knödel in den mund,
da meldet sich eine sonore stimme:

hier regierungsrat x. was kann ich für sie
tun? ich,
wie elektrisiert, endlich geschafft! trage mein
anliegen vor. räuspern auf der anderen seite:
tut mir leid, da kann ich ihnen gar nichts dazu
sagen, diesen bereich bearbeitet mein
vertreter, der gerade bei einem wichtigen
außentermin sein muss. aber meine
sekretärin zeigt mir, dass er bald zurück sein
wird. rufen sie bitte
nochmals an! nein, nein, nein kann ich
gerade noch rufen, bevor er auflegt und
mein ganzer tag umsonst war. ich werde
warten! musik! kaffee? flüstert meine frau!
ich schüttle den kopf, denn ich glaube,
der würde meinen blutdruck noch weiter
hinauftreiben. ich beschließe, mich ein wenig
auf die kautsch zu legen und tatsächlich nicke
ich ein, habe aber immer den apparat ans ohr
gepresst.
plötzlich! ein engel steht vor mir. verneigt
sich vor mir und sagt: es werden alle ihre
wünsche erfüllt werden. sie bekommen die
gewünschte steuererhöhung.
steuererhöhung? schreie ich entsetzt, aber
ich ..... und da bin ich aufgeschreckt und höre
tatsächlich eine stimme: guten tag herr ....
wen möchten sie denn sprechen? ich, etwas
verstört durch das plötzliche aufwachen:
den vertreter von herrn regierungsrat x. die
stimme im telefon: da muss ich sie leider

enttäuschen, die herren sind alle schon außer haus gegangen. wir schließen nämlich um sechzehn uhr. versuchen sie es doch bitte morgen wieder!

und? hast du am nächsten tag nochmals angerufen?

am nächsten tag? am nächsten, übernächsten und überübernächsten tag. jeden tag die gleiche tortur.

und hast du schließlich etwas erreicht?

ja, aber erst als ich ins amt gegangen bin und dem vertreter von herrn regierungsrat x. aufgelauert, ihn am rock gepackt und gehalten habe, bis er mir die gewünschte auskunft gegeben hatte.

....

das mit den einsparungen zieht sich durch alle bereiche. die post zum beispiel: ...

was ist mit der post? die ist doch in privaten händen!

nicht mehr! kennst du die neueste entwicklung nicht? die post wurde wieder in gemeinschaftlichen besitz zurück

genommen, weil die privaten den dienst
ungenügend verrichtet haben, die allgemeine
postzustellung ist zusammengebrochen,
viele orte, die entlegen sind, bekamen keine
post mehr, briefe und pakete wurden auf die
mülldeponie gekippt.

davon haben wir hier in unserer stadt gar
nichts mitbekommen!

ja, es war schlimm. aber jetzt kann aufgrund
des allgemeinen geldmangels nur ein
notdienst eingerichtet werden, damit die
grundversorgung flächendeckend gesichert
ist.

wie soll das gehen?

hast du noch nicht bemerkt, dass auf
verschiedenen plätzen unserer stadt vierecke
mit einem großen p drinnen auf dem boden
aufgemalt werden?

doch, habe ich schon gesehen. aber was hat
das zu bedeuten?

von meinem freund im postministerium
weiß ich, dass ein hubschrauberdienst
eingerichtet wird, der an bestimmten
plätzen in jedem bezirk unserer stadt
und an den hauptplätzen der dörfer

einen großen korb mit der post für den bezirk, für das dorf herunterlässt. man wird versuchen, die zeiten, zu denen das geschieht regelmäßig zu machen, um den bewohnern der bezirke und dörfer das abholen der post zu erleichtern.

was? keine briefträger mehr?

keine briefträger, keine postämter, alles eingespart! nur deshalb konnte die gemeinschaft diesen wichtigen dienst wieder übernehmen.

und wie soll das gehen?

du gehst zur bestimmten zeit an den platz, der für die postlandung vorgesehen ist und suchst dir deine poststücke aus dem korb heraus, wenn welche für dich drin sind.

wahnsinnig! revolutionär!

alles nur gewohnheit. wir können froh sein, dass die gemeinschaft den dienst wieder in ordnung bringt, denn zuletzt war es mit der postzustellung nicht mehr auszuhalten.

und wenn ich etwas aufgeben möchte?

dann gibst du es in das dafür im korb vorgesehene fach. sortiert und in die körbe für den nächsten tag und die entsprechenden bezirke oder dörfer, wohin du schreibst, wird das ganze erst im zentralen postlager gegeben. die mitarbeiter dort sind wichtiger als je zuvor, wurden verstärkt durch neuaufnahmen und werden gehegt und gepflegt, damit alles gut funktioniert.

und wie bezahle ich, wenn ich einen brief aufgebe?

du bezahlst gar nichts. die gemeinschaft befördert deine poststücke gratis. das ist leicht möglich, da die ausgaben für das personal fast zur gänze wegfallen. und die profitöre, die sich die besten bereiche wegschnappen wollen, sind ausgetrickst, weil es nichts mehr zu verdienen gibt.

na ich bin neugierig!

....

noch etwas anderes: hast du schon vom verein für den schutz des körperwassers* gehört?

nein, was soll denn das wieder sein?

na du weißt doch, dass der menschliche körper zum größten teil aus wasser besteht. im zuge der ganzen sparmaßnahmen und steuererhöhungen werden immer neue abgaben erfunden. jetzt will man, da das wasser schon rationiert werden muss, wegen der zuteilung der rationen das körperwasser messen.

wozu?

jene menschen, die sehr viel körperwasser haben, bekommen weniger trinkwasser zugeteilt und bezahlen zusätzlich mehr steuer.

na das wird einen aufstand geben!

das meine ich auch und deshalb möchte ich mich dem verein anschließen. machst du mit?

ich bin dabei!
alles dürfen wir uns nicht gefallen lassen!

....

plakatentwurf:

velautbafung
des veleines zum
schucc des kölpewaßers:

aufluff

bülger
unsele gesenschfft
ist gefähldert

wilkt mit an einerr
gsunder geselllschavt

wir sind gleinsam stalk
und welden den
untelang
unseles vonkes
vermeilen.

velsamlungh
am solntak

....

wer liest denn so was?
das ist ja lauter unsinn!

aber immer noch spannender und nicht
so langatmig wie vielleicht ulysses oder
der mann ohne eigenschaften.

ja, aber das ist weltliteratur!

das wird sich jetzt ändern!

da bin ich aber gespannt!